世界五千年
科技故事丛书

卢嘉锡题

《世界五千年科技故事丛书》
编审委员会

丛书顾问　钱临照　卢嘉锡　席泽宗　路甬祥
主　　编　管成学　赵骥民
副 主 编　何绍庚　汪广仁　许国良　刘保垣
编　　委　王渝生　卢家明　李彦君　李方正　杨效雷

世界五千年科技故事丛书

东方魔稻

袁隆平的故事

丛书主编　管成学　赵骥民
编著　王乃迪　王天红

吉林出版集团　吉林科学技术出版社

图书在版编目（CIP）数据

东方魔稻：袁隆平的故事 / 管成学，赵骥民主编. -- 长春：吉林科学技术出版社，2012.10（2022.1 重印）
ISBN 978-7-5384-6106-0

Ⅰ.①东… Ⅱ.①管… ②赵… Ⅲ.①袁隆平－生平事迹－通俗读物 Ⅳ.①K826.3-49

中国版本图书馆CIP数据核字（2012）第156251号

东方魔稻：袁隆平的故事

主　　编	管成学　赵骥民
出 版 人	宛　霞
选题策划	张瑛琳
责任编辑	万田继
封面设计	新华智品
制　　版	长春美印图文设计有限公司
开　　本	640mm×960mm　1/16
字　　数	100千字
印　　张	7.5
版　　次	2012年10月第1版
印　　次	2022年1月第4次印刷

出　　版	吉林出版集团
	吉林科学技术出版社
发　　行	吉林科学技术出版社
地　　址	长春市净月区福祉大路5788号
邮　　编	130118
发行部电话/传真	0431-81629529　81629530　81629531
	81629532　81629533　81629534
储运部电话	0431-86059116
编辑部电话	0431-81629518
网　　址	www.jlstp.net
印　　刷	北京一鑫印务有限责任公司

书　　号	ISBN 978-7-5384-6106-0
定　　价	33.00元

如有印装质量问题可寄出版社调换
版权所有　翻印必究　举报电话：0431-81629508

序 言

十一届全国人大副委员长、中国科学院前院长、两院院士

[签名]

放眼21世纪，科学技术将以无法想象的速度迅猛发展，知识经济将全面崛起，国际竞争与合作将出现前所未有的激烈和广泛局面。在严峻的挑战面前，中华民族靠什么屹立于世界民族之林？靠人才，靠德、智、体、能、美全面发展的一代新人。今天的中小学生届时将要肩负起民族强盛的历史使命。为此，我们的知识界、出版界都应责无旁贷地多为他们提供丰富的精神养料。现在，一套大型的向广大青少年传播世界科学技术史知识的科普读物《世

序 言

界五千年科技故事丛书》出版面世了。

由中国科学院自然科学研究所、清华大学科技史暨古文献研究所、中国中医研究院医史文献研究所和温州师范学院、吉林省科普作家协会的同志们共同撰写的这套丛书，以世界五千年科学技术史为经，以各时代杰出的科技精英的科技创新活动作纬，勾画了世界科技发展的生动图景。作者着力于科学性与可读性相结合，思想性与趣味性相结合，历史性与时代性相结合，通过故事来讲述科学发现的真实历史条件和科学工作的艰苦性。本书中介绍了科学家们独立思考、敢于怀疑、勇于创新、百折不挠、求真务实的科学精神和他们在工作生活中宝贵的协作、友爱、宽容的人文精神。使青少年读者从科学家的故事中感受科学大师们的智慧、科学的思维方法和实验方法，受到有益的思想启迪。从有关人类重大科技活动的故事中，引起对人类社会发展重大问题的密切关注，全面地理解科学，树立正确的科学观，在知识经济时代理智地对待科学、对待社会、对待人生。阅读这套丛书是对课本的很好补充，是进行素质教育的理想读物。

读史使人明智。在历史的长河中，中华民族曾经创造了灿烂的科技文明，明代以前我国的科技一直处于世界领先地位，涌现出张衡、张仲景、祖冲之、僧一行、沈括、郭守敬、李时珍、徐光启、宋应星这样一批具有世界影响的科学家，而在近现代，中国具有世界级影响的科学家并不多，与我们这个有着13亿人口的泱泱大国并不相称，与世界先进科技水平相比较，在总体上我国的科技水平还存在着较大差距。当今世界各国都把科学技术视为推动社会发展的巨大动力，把培养科技创新人才当做提高创新能力的战略方针。我国也不失时机地确立了科技兴国战略，确立了全面实施素质教育，提高全民素质，培养适应21世纪需要的创新人才的战略决策。党的十六大又提出要形成全民学习、终身学习的学习型社会，形成比较完善的科技和文化创新体系。要全面建设小康社会，加快推进社会主义现代化建设，我们需要一代具有创新精神的人才，需要更多更伟大的科学家和工程技术人才。我真诚地希望这套丛书能激发青少年爱祖国、爱科学的热情，树立起献身科技事业的信念，努力拼搏，勇攀高峰，争当新世纪的优秀科技创新人才。

目　录

初识人生/011

书中自有千钟粟/017

走进神圣的殿堂/023

突发奇想/029

"鹤立鸡群"的启示/034

寻找希望/040

祸从天降/045

转忧为喜的1970年/051

同行是朋友/057

天高任鸟飞/064

一山放过一山拦/069

杂交水稻之父/076

新星在大洋彼岸闪光/081

目　录

割断白云稻正青/086

大器未成/092

再开快点/097

不负众望/102

不满足《金色的奉献》/108

又讲新课/113

初识人生

人生好比一条漂泊的孤舟，万一错过了港口它就会沉没。

人，来到这个世界里，最先投入母亲的怀抱，接着便是大约16年的依赖生活期。瑞典心理学家皮亚杰提出这样一个理论，每个青少年思维发展都要经过四个时期：感知运动时期、"动脑筋"准备时期、具体运算时期、命题运算时期。同所有的青少年一样，1930年9月7日出生的袁隆平，在北京的一个四合院里，度过了知冷知热、饿了找奶吃的感知运动时期。2岁到7岁，认识了家里的人，学会了唱儿歌、背古诗，偎依在母亲身边，问这问那，天为什么是蓝的，鱼为什么会游泳，树叶能不能吃，开始动脑筋，想问题。

到了上学的年龄，天地格外广阔，跟随父母先后到南京、汉口、湖南、重庆等地居住和就学。这是学龄儿童从家庭教育转到小学教育的时期，也是人的社会化过程中一次重大的转折。每到一地，都感到新鲜，学校、老师、同学都变了样，但很快就适应了，进入正常的学习生活。

天天早晨离开家，背着书包和小朋友欢欢乐乐地上学校，规规矩矩在教室里听老师讲国文、讲算术。课间休息，你追我撵玩一会儿，然后又到自己的座位继续听讲。铃响了，放学了，排着队、唱着歌走回家中。这时的袁隆平个子不高，总坐在前几排，上学来，下学走，和别的学生一样，是个有礼貌、守纪律、爱读书的学生。唯一特殊的，也是引人注目的是他的语言。

袁隆平祖居江西省德安县，父亲袁雪安在国民党南京政府经济部任事务科官员，后又溯江而上到重庆市就职。所以，袁隆平经常更换学校，有机会听到各地语言。每到一个地方，进一所学校，他讲的不是当地话，但又要听懂教师用当地话讲的课，还要听明白小朋友说的土语方言。这方面他有独特的能力：既能听得懂，又能说得出。身为教师的母亲华靖，十分欣喜地发现他的语言能力。同时，也发现他贪玩、爱游泳，常常约几个小同学下池塘。

一天，母亲把他叫到近前，问他的学业，他迟迟不拿出考试的成绩单。母亲明白了，凡是成绩优良，不用问，主动让家长看。母亲微笑地望着他，目光中充满期待，慈祥地对他说：

"你的语言学得很快，说得很好，应当受到夸奖。但是，国文、算术也相当重要，应当学好。"

袁隆平静静地听着母亲的话，没有言语。

"我教你的那首诗还记得吗？"

"记得：百川东入海，何日复西归。少壮不努力，老大徒伤悲。"

母亲赞许地点点头。

"水流过去就回不来了，小学也就这么几年，时光如水，千万不能错过呀！"

"知道了。"

从此，他读书很有长进，不仅语言能力增强，国文、算术也非常认真。就是说，在8—12岁具体运算时期，他的思维能力不在同龄人之下，语言能力超过同龄人。

光阴如白驹之过隙，年华似逝水之东流。15岁的袁隆平怀着对少年时期的感叹，初中毕业了。"自古英雄出少年"，成为一种美好的梦想。16岁，升入高中。这个年龄，心理学家称之为"心理上断乳"的青年期。说明人长大了，对父亲的依赖减少，开始思索社会和人生，个人的思想和生活同时都发生重大变化，有点"第二次诞生"的感觉。

走进高中课堂之后，袁隆平心中萌生许多过去从未涉及的想法。自己所在的学校叫博学中学，首先就要博学，博览全书，增长学问，认真读书，坚持游泳，练出好体格、好性格，人总有一天要走上社会，干什么呢？当官、当兵、做买卖、开火车、教书？他拿不准主意，反正天生我材必有用，老师不是说过么，时势造英雄！

机会来了。1947年夏天，湖北省举办全省游泳比赛，5月份武汉市区选拔运动员，博学中学也在全校选拔参赛选手。一向喜欢游泳运动的袁隆平喜出望外，几个与他要好的同学鼓励他：

"袁隆平，你也去试试。"

"对！机不可失。"

在操场上，找到体育老师，大家七嘴八舌争着报名。体育老师不熟悉袁隆平，见他个子不高，身体瘦弱，梳着小分头，一脸孩子气，关切地问：

"你多大年纪？"

"17岁。"

"我们一般大"，几个同学随声附和。

"不像。"体育老师怀疑地摇摇头。见到这种情景，袁隆平急了，忙补充：

"老师，别看我个子不高，游泳可有十几年的历史了，让我参加吧。我想做的事，一定能做好。"

晚上回家，他把这件事讲给母亲。母亲十分果断：

"去，这种机会太少了。"

最后，学校还是没有同意。怎么办？他和几个同学想出一条妙计，搭乘被推荐选手的自行车，不动声色地走进赛场。

比赛之前，他心里有些紧张。尽管游泳技术熟练，像这种全市性大型正规比赛，还是第一次参加，而且又瞒着体育老师自告奋勇来的。不过，他有把握取胜，从记事时候起，他就喜欢玩水，愿意和江河打交道，坐船、划船、抓鱼、游泳，同学们都称道他的水性。

比赛开始了。裁判员发令之后，各个选手都像离弦的箭，一朵朵浪花留在后面，十几米过去了，他冲到前面。

观众齐声为他加油、喝彩，互相询问：游在前头的是谁？岸上的一切，对于他无影响，他只顾拼足力气，一招一式地向前游去。他以顽强的毅力，娴熟的动作，第一个到达终点。出乎体育老师意料，这个貌不惊人的小伙子，分别获得武汉市和湖北省男子百米自由式游泳比赛第一名。当同学、老师、校长向他祝贺时，他反倒失去申请参赛的勇气，低着头，不好意思地喃喃自语：我说过，我想做的事，一定能做好！

从这件事，他悟出一个道理：机会会随时出现，要紧的是能够抓住机会。

比赛回来，母亲特别高兴，不仅弄了好吃的犒劳他，还和他谈了许多让他终生忘不了的心里话。母亲说：

"人生一世，草木一秋。春天，一年只有一次，没有春种，就没有秋收。人，应当珍惜春天。就连小草也不放过这个机会，到了秋天，无论多么弱小，也要结个籽，报答春天，表示没有虚度光阴。"

"是这样。"袁隆平理解母亲的心意。"望子成龙"是每位母亲的最真诚的愿望，也是最高尚的美德，但成什么样的"龙"呢？

袁隆平陷入深深的思索之中。

书中自有千钟粟

书，这是一代对另一代人精神上的遗言，这是将死的老人对刚刚开始生活的年轻人的忠告。

时间像个裁缝，不知不觉间剪掉了袁隆平的学生时代。1953年8月，他告别了校址在成都的西南农学院，结束了为期四年的大学生活。就在离校那天，他和所有毕业生一样，充满眷恋和惜别之情，最后一个登上送行的汽车。望着熟悉的校园、熟悉的道路、熟悉的面孔，他默默地挥动双手，心中叨念着：再见了母校，再见了师长，从此，我将步入洒满阳光也布满荆棘的人生征途。

在大学里，袁隆平是个惜时如金的好学生。上课的时候，他认真听讲，详细记录，有不明白的地方在笔记本的一侧打个问号，以便课后复习或请老师答疑。课余，他热情地参加文体活动，阅读小说，拉小提琴，下象棋，打排球，是农学系的活跃分子之一。

每到周末，他不是为大家演唱、舞蹈伴奏，就是在校园的幽静处练琴。悦耳的舒伯特的《小夜曲》、舒曼的《梦幻曲》在晚风中飘荡。一位顽皮的同学，听过他的琴声，给他讲个故事：有位小提琴家下乡演出，到一个偏僻的山村，夜幕降临之后，村长把村民召集一起，听小提琴家演奏。为了提高演奏效果，村长从家里搬来一个竹椅，让小提琴家坐着。小提琴家很感动，没有坐，而左脚踏在椅子上尽兴地拉起来，曲子就是《小夜曲》，拉着拉着发现村民陆续退场，一曲终了，只有村长一人立在身旁，他对村长说：

"大家可能听不懂，难得你这位知音哪！"

村长笑了：

"我等你演奏完了，好拿走这把竹椅"。

袁隆平听过之后捧腹大笑，很有感触地说：

"是哩，是哩，《小夜曲》好，也得看对象，对你我就不能不拉这个名曲。"

新学期开始了，遗传育种课老师走进课堂。他用标准的、抑扬顿挫的鲜明的四川话问候大家，接着引用一首唐诗：

春种一粒粟，秋收万颗籽。四海无闲田，农夫犹饿死。

这首诗好熟哟，记起来了，是李绅的《古风》。小时候，母亲不是常让我读过这首诗吗！

老师说，我不是讲文学作品，而是讲自然科学。前两句，表述一个规律：春种秋收，春华秋实。播种一粒种子，可以长出很多籽实，这是自然科学知识。后两句，也表述一个规律：没有空闲土地，农民却不得温饱，说明封建社会土地制度不合情理。地主拥有土地，农民遭受剥削，这是社会科学知识。今天，我主要讲为什么一粒种子能长出万颗籽粒，为什么人们要千方百计培育良种。大家都常唱这首歌：什么样的葫芦开什么花，什么样的种子结什么瓜，说的也是这方面问题。

听君一席话，胜读十年书。袁隆平佩服这位老师的学识和教学方法，喜欢遗传育种这门课程。渐渐地在心中萌生一个念头，我应当像一颗良种，在什么地方都能生根发芽、开花结果。我也应当育出一种良种，用它造福社会、致富农民。于是，他学习更加用心，钻研更加刻苦，一有闲暇，手不释卷，阅览室、图书馆是他乐而忘返的地方。

图书馆真是知识的海洋。在那里，他知道了世界之大，知道了人生之艰，知道了良种来之不易，也知道了当时的水稻专家——中国华南农学院首任院长丁颖的不凡事迹。通过阅读丁颖所著的《中国稻作之起源》，对见过千万次的水稻有了新的认识、新的理解。

水稻是一种植物，由于人工栽培、农民种植，称为农作物。它和所有植物一样，都是绿色的，有根、茎、叶、花、果实。果实经过加工便成了大米，白白的，做成饭十分可口，是世界上许多国家人民的主要食物。在中国粮食作物中，水稻栽种面积最大，产量最多，总产量名列世界前茅。

水稻是怎么由野生变成家种、一步一步地发展起来的？过去说法不一。有人认为，水稻起源于印度，以后传入中国；有人认为，亚洲东南、西南部和非洲北部是水稻的发祥地；也有人认为，中国是种稻最早的国家。

1926年，丁颖在广州市东郊犀牛尾找到了野生稻，以后又在东江、西江流域、雷州半岛、海南岛等地，找到许许多多不同品种的野生稻。经过20多年潜心调查研究，得出三点结论：一是我国栽培稻种起源于华南；二是中国稻作开始于4700多年前传说中的神农时代，而印度在公元前1000年的古籍中才出现"稻"字；三是南方的籼稻和北方的粳稻两个不同品种都起源于多年生的普通野生稻。

袁隆平为丁颖的研究成果暗暗叫好。日后的考证、研究进一步证明中国是水稻的起源国家。考古学家在浙江省余姚县河姆渡村发现了古文化遗址，经测定，距今6700年左右，在这里已经人工种稻，稻粒堆积厚度为20—50厘米，最厚达1米，稻粒虽然碳化，仍保持原来外形，颖壳上的稃毛、根须和叶脉清晰可辨。经鉴定，这个文化层中的稻谷属于人工栽培稻中的籼亚种晚稻型水稻。这是中国发现最早的人工栽培稻，也是亚洲最古老的水稻实物，它证明中国是世界上水稻起源最早的地区之一。

读万卷书、行万里路。读书使袁隆平不仅视野开阔，思想也变得越来越深刻。《论语》中有句"学而优则仕"的话，人们通常理解为：学习成绩优良便可以去当官。当了官自然就有了金钱、美女，所以古人有言：书中自有黄金屋、书中自有颜如玉，书中自有千钟粟。袁隆平认为，学习好了有余力可以去做官，也可以不去做官，而去做学问。谁能让土地长出"千钟粟"，谁就是有学问的人，谁的书就没有白读。读书是精神王国领域的探险，是物质王国领域的寻觅。书读多了，读好了，会使平凡的生活多姿多彩，富有生气。他同意一些教授倡导的：先使书越读越厚，后使书越读越薄。千万不要"死读书""读死书"乃至"读书死"。

年轻的人，火热的心。23岁的袁隆平还没有看够、想透书中的内涵，便拽着书箱子，提着书包登上开往湖南的列车。

列车启动了，他意识到新的生活现在开始了。去年的这个时候，他代表西南农学院参加两次游泳比赛，都取得好成绩，一个第一，一个第四，而今又是一场在生活的海洋里游泳，能不能劈涛斩浪争得上游呢？他双眼凝视窗外，一片片田地闪过，一幢幢房屋闪过，横躺竖卧的碉堡闪过，光秃秃的山峦闪过。这块刚刚回到人民手中的土地，还未平整，还不富饶，创伤还未医治，农民并未温饱，他感到自己肩头有一副沉沉的重担。当时在同学中流传着：一工交，二财贸，最没出息是文教。他想，自己学的是农、干的也会是农，能到文教部门也不是坏事。栽到哪里哪里活。

走进神圣的殿堂

树木的记忆在年轮上,教师的记忆在心灵中。

未来从这里开始。

走进安江农校的大门,袁隆平才实实在在地感到,生活真不轻松。这所普通农业中等专业学校远离湖南省会长沙市,位于湖南和贵州交界的边远地区。朴野的环境,简易的校舍,为数不多的老师,和自己原来想象的农业中专相距甚远。

晚上,他睡不着了,并不是因为蚊虫骚扰,而是思绪纷乱。他是表了决心服从国家分配来的,是为了改变农村面貌来的，第一步该怎么迈呢？他想了，要服从校长的领导，没有领导就没有方向；要讲好分担的课程，讲不好课就没有根基；要和老师们搞好团结，没有团结就没有力量；要与学生打成一片，没有学生支持就当不好教师。学校是教书育人的地方，教育者应当先受教育，他对自己约法三章：一不改志，二不改行，三不改口。说到做到，说话算数。

准备似乎还不充分，他便走进了教室，几十双渴求知识的目光一下子投射他的身上。和所有初次上课的新教师没有两样，他心跳加快，不自觉地紧张起来，当惯了学生的人，突然当先生，角色转换的过程太短，谁都难于很快适应。不过，袁隆平在大学期间经常出头露面，组织文体活动，参加游泳比赛，登台文艺演出等，有过临场经验，所以，他很快地镇定下来。他调整好情绪，态度谦和地点点头，简单地自我介绍两句，便在黑板上部写上：第一章 绪论。

已听过16年课，见过上百位老师，可从来没认真地想一想，怎样当老师，当个好老师。一旦真正走上讲台，方觉教师职业的神圣。教师应当为人师表，每个举动、每句言词都处在严格监督之下。为着讲好一堂课，需要大量时间读书、收集材料、备课、写教案、安排时间和讲授方法。常言说，台上三分钟，台下三年功，当演员如此，当教师何尝不如此。

新官上任三把火。他不是官，不想当官，也不能当官。出身于旧官吏家庭使他和政治的缘分几乎减少到零。虽然有"出身不由己，道路可选择"，"有成分，不唯成分"的政策，但毕竟不是"根红苗壮"，周围人的心理状态和环境气氛不宜于他担任任何一级领导。知识分子思想改造运动在全国还未结束，他只能在不断改造世界观中完成学校交给他的教学任务。

他十分谨慎地约束自己的言行，心中埋藏一个朴实的愿望：为国家做点实事，为人民办点好事，在平凡的岗位上，默默地燃烧自己。正因为有这样的行为准则，他很快地进入角色，成为师生喜欢的一位教师。他既重视教学内容的融会贯通，又注重教学方法的协调运用。在教学中，讲授、谈话、读书、说服等语言方法，他都有效地运用过，同时，还特别重视演示、实验和示范等直观方法。所以，有的学生说："听袁老师的课不困，简直是一种享受。"

学校的教师少，课程门类多，人员配不齐，配不上。

校长几次找他想办法，他是有求必应。在安江农校，他是有口皆碑的多面手。他讲过植物课、作物栽培课、遗传育种课，也讲过英语、俄语等外国语言课。植物学是农学专业的基础课，农作物就是一种人工栽培的植物。为了栽培好，必须培育优良品种。培育良种，一定要明白遗传育种的道理。表面上，这些课独立设置，实质上有内在联系，是一个整体。袁隆平精通此道，所以教学中游刃有余。至于教外语，也是他的拿手好戏。中学时期他英语基础坚实，大学时期又学过俄语。知子莫如母，母亲早年的导引，给他创造了今日的机会。相互关联的各门课交错讲授，不仅丰富了科学知识，也强化了教学能力。在若干年后，回忆起安江农校教学活动，他深有感慨地对年轻的助手说：

"我在教学过程中积累了较多的生物科学知识和农业实践经验，因此，在而后进行作物育种科研时才有一定的发现问题、分析问题和解决问题的能力。"

这并不是出于自谦。一个严肃的教师的教学生涯和本人的特殊毅力、思维与实践紧密相关，早期的积累，确确实实为他日后的成功铺平了道路。

学以致用是袁隆平奉行的教学原则。每逢课余，他总是在学校试验田里观察，有时也到周围农民田里调查，目的是掌握农业生产现状和技术推广使用程度，使教学内容不脱离农业生产，又要对生产有超前的指导作用。一次，他蹲在田头和一位农民闲聊：

"这里推广'三改'经验了吗？"

"没有啊！"农民拉着长声回答。

当时，在全国范围先是推广陈永康创造的落谷衡、插得均、培育壮秧的经验。以后，又推广"三改"，就是改大秧板为合式秧田、改落谷密为落谷稀、改水育秧为湿润育秧。他发现这位农民插的秧苗颜色淡、纤细，估计是传统的育秧法育出的秧苗，接着他向农民讲了"三改"的内容和好处，农民连声说道：

"要得、要得！"

为了不让学生"在黑板上种田"，他一方面把生产实践的内容纳入教材；另一方面又开辟试验田，在试验田让学生真刀真枪地比试。当时，他没有家庭拖累，独身一人，有富裕的时间和精力，全身心地投入到教学之中，因此，成为学生心目中的具有真才实学的老师。

唐代有个文学家叫韩愈，写过很多作品，唯独《师说》给袁隆平的印象最深。大概是干啥想啥，卖啥吆喝啥的缘故，当教师的，无论大学教师、中学教师、小学教师，还是中专教师，成天都在"传道、授业、解惑"的循环之中。让学生们明白做人的道理，科学的道理；给他们传授业务知识，增长实际本领；回答他们的提问，解决他们的困惑。教师的工作，直接关系学生的成长，乃至影响他们的人生选择。所以，有人说："学校是人们心灵相互接触的世界。"教师是富有创造性的劳动者。这种劳动十分特殊，对象是人，手段是人，产品也是人，一切都围绕着处理人与人之间关系来进行。袁隆平从自己切身的教学实践中完全领会出尊师爱生的意义。他关心学生，热爱学生，因而得到学生的敬重。1970年，因工作需要他调到长沙，他一再说，安江农校是我人生第一个驿站，这块沃土有我一生用不完的营养，这里有终生忘不了的事业和朋友。为了纪念这段历史，他把长子和次子的名字叫做袁定安、袁定江。

突发奇想

不大的、有时候是验证难以觉察的、偶尔偏离正常规范的想法不断积累，会导致新的思想的形成。

处处留心皆学问。

袁隆平是个闲不住的人，不是端端正正地坐在教研室看书写字，就是到教室辅导答疑，再不就在试验田里流连忘返、思考问题。1960年7月的一天，他又到稻田观察，意外地发现稻田中有十几株水稻长得特别高，高出一般水稻20厘米左右，而且穗子大，籽粒多，有170多粒。他惊喜地端详着这些水稻，口中喃喃自语：

"鹤立鸡群，鹤立鸡群！"

这时，他触景生情，突发奇想：如果水稻全都这个模样，老百姓可就食足了，天下也许就太平了。

历史有惊人的相似之处。

清朝康熙年间，也就是公元1662年到1722年，康熙在丰泽园设置一个皇家农事实验场，园前有水田数亩，园后种桑多株。每年皇帝都在这里演习耕田，所以这块田又叫苑田。有一年六月下旬的一天，康熙顺着田间小路到穗和稻田巡察，突然发现一株比所有稻子都高的水稻，这株稻籽粒多，已经成熟。康熙便小心翼翼地采集下这株稻的稻穗，留作明年种植，以观后效。第二年插下之后，又于六月末成熟，早于一般水稻两个月。不仅早成熟，而且产量高，质量好，用其碾米，米的颜色微红、粒长；做成饭，"气香而味浓"，有香味，口感好。因为这种稻产自皇帝种的田里，所以称为"御稻"。用这种稻碾成的米，叫御稻米。40余年，宫内进膳，基本上吃的都是这种米。由于"御稻"生长期短，成熟早，适于北方种植，也适于南方一年两熟。所以，康熙五十四年，即1715年在江浙一带推广，产量比原来提高1.7倍。后来推广到安徽、江西等地，都获得好收成。可见"御稻"的单株选择是成功的。它比现代选种史上维尔莫林在1856年开始的甜菜单株选择早100多年。

袁隆平把单株选择的种子,第二年插进田里,结果表现平常,和与之对照的水稻几乎一样,远没有"御稻"那种出类拔萃的表现。坐在田埂上的袁隆平暗暗问自己:已经显示出来的优势,一年后为什么消失了呢,清代已经好用的单株选择法,为什么现在不灵了呢?

袁隆平遗传育种课,他不止一次讲过:从理论上,遗传和变异是生物界的普遍现象。生物的进化过程,就是遗传和变异对立统一的过程。如果只有遗传,没有变异,那就没有进化和发展了,野稻也就不能变为家稻。如果只有变异,没有遗传,上一代和下一代完全不同,稻子也就不成其为稻子。稻田里出现"鹤立鸡群"的稻子,是一种变异现象,可是第二年又恢复到原来的样子,这种变异没有遗传,理论和实际错位了,该怎么解释呢?

夜已深了,他躺在床上翻来覆去睡不着。蛙声四起,蚊声阵阵。他双手托着头,思想的小河,沿着"种瓜得瓜,种豆得豆"的河床潺潺地流淌着。

什么是种子?在植物学上,种子是指受精后发育成熟的胚珠;在农业上,还包括可供繁殖的营养器官。西瓜、大豆、水稻这些作物的种子，既是新生命的起点，又是累累果实的母亲。种瓜所以得瓜，种豆所以得豆，种稻所以得稻，本质在于种子。种子千差万别，千姿百态。同时稻种，也各不相同，区别表现在三个方面：一是外部形态、大小、颜色、形状、重量不同；二是内部结构、所含化学成份的种类和数量不同；三是遗传物质不同，这一点很重要。一般的种子要育成优良品种，需要利用或诱发变异。变异就是种子在生育过程中，通过改变外界环境条件来改变原来性状的一种现象。著名生物学家达尔文的功绩之一，就是发现生物界普遍存在着变异。变异有微小的变异和显著的变异，有遗传性的变异和不遗传的变异。一个新品种的形成，需要通过人们几代地对变异的选择，积累和保存有利的变异。正是基于这个道理，在收获季节，人们从作物群体中选出性状优良的植株，把植株上的种子作为特殊的培育对象。御稻种的选育成功，说明变异的性状保存延续下来。试验田中"鹤立鸡群"的水稻，恢复到原来状态，没有把变异的特性保存和延续下去，袁隆平分析，是外界环境，包括温度、光照、水分、营养供应，还不足以调动种子内部结构的变化。如果恰当地改变生存条件，用生物学上杂交的办法选育后代，来改变种子的性状，使它变异，再把这种变异有效地传下去，一种新的良种不就育成了么！

这一夜，袁隆平失眠了，几次强迫自己入睡，但"鹤立鸡群"的水稻总在眼前晃动。明天正是遗传育种课，一定把这个想法讲给大家，让学生也动脑筋想想这个问题。一个教师的责任，就应当唤起学生的求知欲望，把前人的成果、经验教给学生，也把未来的发展趋向讲给学生，让学生们都有一个"点石成金"的思维，真正能说会做。

一觉醒来，已是旭日临窗。他照例简单地洗漱一下，又伏在案头再翻一遍讲稿。习惯了，不这样似乎心里就不踏实。转眼间从教已近十年，不算老教师，也不再是年轻的新教师了，应当把课教得更好。他记得，作物栽培专业有个学生叫邓则，学习认真，爱好广泛，喜欢打球、游泳，是班级的文体干部，常找他释疑、讨论问题，也不止一次地对他说：

"我们愿意听袁老师的课，深入浅出，生动活泼。"

许多同学也这样说，他只是淡淡地，一笑了之。讲好课是每位教师的分内职责，有什么值得称道的！

铃声响了，他踏着铃声的节拍，健步走向教室，迈向新的一天。

"鹤立鸡群"的启示

向着太阳伸展的幼芽，总能在石头缝中找到道路。

现象是入门的向导。

十几株"鹤立鸡群"的水稻，不时地拍打着袁隆平的心。尽管第二年试种没有成功，但却给人以有益的启示。那十几株水稻所以趾高气扬地超出众稻，难道不是天然杂交水稻第一代优势的表现吗？不然，它们怎么能打破常规突然长高呢？

时过两年，1962年夏天，他又看到两个外形和品质不同的水稻经过杂交生育的后代，远远优于双亲的现象。用遗传育种学的术语，就是杂交后的第一代，在植株高度、发根能力、分芽能力、穗的大小和抗变化能力，都比原来的好。

袁隆平从旺盛的分芽能力上，看到科研的生长点；从沉甸甸的稻穗上，看到杂交育种的生命力，他决心要闯进杂交水稻这个绿色王国进行探秘。早在大学读书的时候，他见过18世纪英国作家乔纳森·斯威夫特说过的一段话："无论是谁，如果使只长一穗的玉米结两个穗，或者长一片叶的牧草长出两片叶子，那么他将比所有政治家加起来对国家和人类的贡献更大"。这段话乍听起来很刺耳，但也说明一个浅显的道理：培育出来一个农业良种相当困难也极其重要！他向学校领导提出了自己的想法，结合教学搞科研，题目就是杂交水稻的研究。学校领导认为这是件好事，教育应当与生产相结合，表示同意，并确定地块、配备人员，支持他利用课余进行研究。校长问他：

"这样办可以吧？"

"可以，我一定尽力！"

这时，他又想起17岁那年申请参加全市游泳比赛时说过的那句话：我想办的事，就一定能办到！

在生物学上，利用两种遗传基因不同类型或品种进行杂交，产生的杂种第一代在生活力、生长势、适应性和经济性等各个方面超过双亲，通俗说，是儿子超过老子，子女比父母强，这种"青出于蓝胜于蓝"的现象，在遗传学上叫"杂种优势"。利用这种超亲现象，配制和种植第一代杂种，以达到增加产量的目的，这就叫杂交优势的利用。

60年代，农学家把两种各有特点的玉米，进行杂交，产生出杂交玉米。杂交玉米比原来的双亲都好，将两种优点集中于一身，产量高，质量好，水稻能不能？

说起来挺有意思，大自然赋予人类的作物几乎都有一个共同的缺陷，就是优点和缺点同时存在，各有不足。抗病的品种不高产，高产的品种不抗病。产量高的品种质量低，品质好的品种产量低。人类需要既高产又优质还抗病的品种，怎么解决？通过杂种优势的利用是个好办法。

水稻能否通过杂交、杂种优势的利用培育良种，当然能，但却非常非常困难。1926年，美国人詹斯首先揭示了水稻杂交优势，随之印度的卡达姆、马来西亚的布良、巴基斯坦的阿里姆和日本的冈田正宽等人也对此都有过研究。以后，意大利、苏联、朝鲜、菲律宾和利比亚等国也开展了这项研究，但都没有达到预期的目的，没有育成能够用于生产的杂交水稻。足见，这项研究相当重要，也十分艰难，三四十年基本是原地踏步，进展不大。

前无古人，后有来者。没有完全吃饱肚子的中国人，需要"鹤立鸡群"的水稻，基于这一点，袁隆平自告奋勇站在这个险峻的科技关口，决心试一试自己的身手。

那么多科学技术发达的国家，那么多卓有建树的专家家者，为什么几十年对水稻杂交优势的利用没有突破性的进展，这里面既有理论上的原因，也有实践上的原因。当时的袁隆平是个长期居住在闭塞地方的中专教师，信息不灵，资料缺乏，设备简陋，却瞄准世界性的难题，不能不说有点胆量，也不能不引起循规蹈矩的人们的议论乃至讥笑。

"听说了吧，袁老师要搞杂交水稻了！"一人问。

"自找苦吃。"另一个人回答。

"难说，瞎猫也许碰上死老鼠。"

"这是科学，提出这个问题本身，就是对遗传学的无知。水稻是自花授粉作物，自交不退化，杂交就没有优势。"

学校里有两种基本态度，一种是支持，一种是否定。袁隆平的几位支持者和助手，听到两种截然相反的议论，一位年轻教师说：

"袁老师，这件事可以在全校辩论一番，首先要把是非分清。"另一个补充：

"对！有的人就是站着说话不腰疼！"

袁隆平不赞成他们的意见，从容地说：

"人各有志。个人有个人的看法，个人有个人的说法，兼听则明。古人说过：忍一时风平浪静，退一步海阔天空。"说着，他在纸上画一张玉米植株的线条图。

"关键的问题，我们要把杂交水稻真正培育出来，事实最有说服力！"

"袁老师，这图是什么意思？"

"我是让你们仔细分析一下，玉米和水稻的区别，不能认为玉米容易产生杂交种，水稻也那么容易。"

大家似有所悟，不住地点头。他的两个助手自然地想到袁老师在课堂上讲过的自花授粉问题。

玉米的雄花长在植株的顶部，雌花长在植株的腰部，虽然雄花和雌花长在同一个植株之上，但雌花接受的花粉95%来自另外的植株，所以玉米是雄花雌花同株，异花授粉。而水稻呢，也是雄花雌花同株，却是自花授粉。所谓自花授粉，就是雄花的花粉，落到雌花的柱头上。水稻的一朵花有六个雄蕊、一个雌蕊，每个雄蕊都由花药和花丝组成，花药内有无数个黄色球形的花粉，要改变自花授粉，就必须把每朵花的花药去掉，俗称"去雄"，即除去雄花的花蕊。水稻扬花的时间很短，去掉雄蕊只能在晴天上午8—11点钟进行。一朵花有六个雄蕊，依靠人工一天去不了多少，所以，利用人工去掉雄蕊无论如何也行不通。这也是在自然授粉作物上利用杂交优势，古今中外尚无成功先例的根本原因。

水稻是自花授粉作物，到底有没有杂交优势？袁隆平认为，杂交有没有优势，不在自花授粉还是异花授粉，本质在于杂交种子内部有没有矛盾。只要双亲有差异，就会构成种子的内部矛盾，就能产生优势。十几株"鹤立鸡群"水稻的出现，就是这种优势的反映。

话是这样说，这种优势如何人为地产生，又怎样巩固、保存和延续，却不是几句话能解决的，需要巨大的智力和体力的付出。

"怎么解决这道难题？"助手异口同声地问。

袁隆平没有及时回答，瘦削的脸上布满深思的神情，双眼射出刚毅的光芒，指指自己的头：

"办法就在这里！"大家舒口气，会心地笑了。

寻找希望

不论前途如何,不管发生什么事情,我们都不要失去希望。希望是一种美德。

功到自然成。

严酷的现实,对袁隆平是种不可估量的外部激励。

1953年,当他从天府之国的四川,来到这个偏僻贫困山区的时候,见到农民以红薯度日,生活相当清苦,便产生了一种强烈的使命感。自己虽然是地位很低的教师,不能挟泰山超北海,为五斗米折腰还能办到。于是他精心教学,热情培育每个学生,把他们当做希望的种子,撒遍黔阳谷地。

1961年，在天灾人祸的双重作用下，吃顿饱饭成为全国人关心的问题。低标准、瓜菜代，许多人又回到吃糠咽菜的过去。一天，袁隆平见到一个放牛的儿童，衣不蔽体，骨瘦如柴，蜡黄的脸上挂着一串泪珠，跟在一头有气无力的水牛后面，他内心十分痛楚，饥饿已经威胁孩子、危及生命了。就是自己，天天吃"增量法"，饿得拳头也攥不紧了。这对于立志务农的人，对于农业学校的教师，不能不是一种有力的讽刺，也不能不是一种心灵的感召。位卑未敢忘忧国，一定要找到希望，让人人都填饱肚子。

阳光下，他把稿纸铺在桌上，劲笔写下：水稻杂交优势利用的研究思路：不用化学去雄，采用三系配套。

什么是化学杀雄？化学杀雄就是用化学药剂把雄花杀死，除去雄花，也叫"化学去雄"。去掉雄花的目的，是变自花授粉为异花授粉，为利用优秀的父本同优秀的母本杂交产生新品种创造条件。

什么是三系配套？三系就是不育系、保持系和恢复系。这三系在自然界并不存在，需要人工去选择培育。就是说，水稻的雄花不能授粉，而且这种性能能够保持下来，如果需要，还能恢复，这样，三种系统同时存在和应用,就是三系配套。

经过几年的酝酿和准备,袁隆平率领一兵一卒正式向杂交水稻这个绿色王国进军了,时间是公元1964年春天。

6月,江南的中午骄阳胜火。农家小院一片寂静。水牛躲在树阴里,鸭鹅泡在池塘中,小狗喘着粗气,吐着舌头爬在荫凉处。烈日规范着动物的行为。无处躲藏的水稻,只好硬着头皮不情愿地度着炎热。就在这个时候,一位短衣短裤农民装束的人,头戴草帽,打着赤脚,在一方水田边走走停停,像是仔细端详什么锦绣,又像是寻找什么奇珍,手里还拿着一个放大镜。

偶尔有几个人走过,发现奇怪的对话:

"他在干什么?"

"赏花!"

"什么花?"

"稻花。"

是的。这是袁隆平在茫茫稻海中寻找不育植株,寻找一种希望。一天两天过去了,他竟无所获。三天四天过去了,仍然是没有发现异常植株,但自己的眼睛、胳膊却有些异常。双眼干涩,双臂酸疼,拿放大镜的手有些颤抖,躺在床上像是一摊泥。有人劝他休息一天,他果断地说:

"水稻开花就这么几天，错过一天，等于错过一年。"

第三天依旧到稻田里"赏花"。他一株株仔细观察，很怕漏掉每一株。他一边寻找一边数着：一株两株三四株，五六七八九十株，十一十二十三株，结果呢，不见一株有特殊。

连续几天，依旧是"隔墙花景动，不见玉人来。"对于他这种执著的追求，有人点头称赞，有人摇头不解。他不管别人点头摇头，心里重复着诗人但丁的话："走自己的路，让别人去说吧！"

正在艰辛的跋涉途中，有人关心他的婚姻大事，劝他应当结婚成家。他感谢地回答说：

"先立业，后成家，等我找到不育株再说。"

功夫不负有心人。在细心寻找的第十四天，他终于在绿色的田野里找到了希望，一棵不育植株跳动在眼前，他高兴地四处张望，真想把这件事迅速告诉每个人。难怪当年阿基米德在洛池里体验到水的活力，惊喜地高喊："我发现了，我发现了"！有了这样的植株，杂交时就不必杀去雄蕊，可以选用性状优良的父本花粉直接授粉，能制出第一代杂交种子。袁隆平想，这是杂交水稻第一位"母亲"。从此，水稻杂交优势利用的大门被打开了，人们可以走进绿色王国进一步探秘。

1965年，袁隆平又先后在南特号、胜利籼等四个稻品种中，找到6株雄性不育株，基本是三种类型：无花粉型、花粉败育型、花药退化型。经过对杂交第一代的观察，他写出了《水稻雄性不育性》论文，刊发在1966年第四期《科学通报》上。文章不长，却是我国论述杂交水稻的开山之作，也是唤起众人齐向杂交水稻王国进军的号角。从此，国家科委等有关部门知道在偏远山区，有位普普通通的农校教师，在从事一项极不普通的研究。国家科委一位局长，当即写信给湖南省科委、安江农校，请他们支持这项研究。

找到了雄性不育株，犹如一场春雨，滋润了袁隆平的心，也滋润了杂交水稻的研究。他的助手和支持者奔走相告，欣喜若狂，从心里佩服袁老师的耐力和韧性。

好事成双。就在袁隆平发现杂交水稻王国第一位皇后不久，经人介绍，他与黔阳县农业局干部邓则结为百年之好。邓则1959年毕业于安江农校，在校时品学兼优，毕业后又在农业部门工作，共同的理想和事业使他们走到一起，共创崭新的生活。

祸从天降

什么也不怕，热爱神圣事业而轻视其他快乐，对自己的生命毫无牵挂。

天有不测风云。

袁隆平结识了杂交水稻王国第一代"皇后"，得到了国家、省、学校的热情支持，正和他的两位助手信心十足地试验研究时，一场意想不到的灾难降临了。"文化大革命"的风暴，铺天盖地而来。"革命无罪、造反有理"的标语到处可见，"要革命的过来，不革命的滚开！"口号随时可闻，接着便是"踢开党委闹革命"、红卫兵大串联。宁静的校园喧嚣起来，正常的秩序已不存在。对于这突如其来的变革，袁隆平迷惑不解。建国17年了，怎么还说是资产阶级知识分子统治学校。出生在旧社会，却长在新中国，是在中国人民解放军进军西南的凯歌中念了大学，又按照国家的需要志愿到穷乡僻壤任教。十几年兢兢业业，认真地教书，严格地、热情地育人，从不犹豫，从不懈怠，怎么还是资产阶级知识分子！

大字报、大字块接踵而来，"袁隆平是白专道路的典型""袁隆平是资产阶级技术骗子！"袁隆平感到有一种说不出的痛苦。找学校领导说说吧，他们也都成为"革命路上的绊脚石"，一时间，是非颠倒，反目成仇。平时不错的人，也不敢交谈，避而远之。他第一次体会到"孤家寡人""光荣的孤立"的滋味。也第一次成为被革命派横扫的"牛鬼蛇神"。

那段日子，自尊心没有了，人格不见了，到处是批判、斗争、砸烂，几乎所有的干部都是"走资本主义道路的当权派"，所有有学问的人都是"资产阶级的反动学术权威"，所有出身不好的人都是"黑五类"。戴高帽子游街示众，手持大刀长矛上街示威，喊声震天的批斗大会，成为当时十分红火的"革命"景观。

静观其变的袁隆平，只能接受"革命小将"、"革命师生"的批判，只能放下手中的书本、试验田的工作接受审查，只能同意造反派把两个助手抽去"革命"，并和他划清界限的决定。对于这一切，他只能逆来顺受，企盼着这场风暴能很快地过去。

树欲静而风不止。有一天，几个人怒气冲冲闯进实验室，进门不容分说，对准一个个幼苗长势良好的试验钵，棍棒相加，大打出手，口中还叫喊：

"宁要社会主义的草，不要资本主义的苗！"

袁隆平心如刀绞，冲上前想制止。两个人挡住他，他大声疾呼：

"它们没有罪！这样做，你们会后悔的。"

"死不悔改！"几个人砸完之后，带着胜利者的神气走了。

望着实验室东倒西歪的器皿，支离破碎的试验钵，他悲愤交加。一个个扶正、摆平，下意识地自言自语：不管气候如何恶劣，是种子总要发芽。

他不惧怕辛苦，不屈服炎热，也不为流言蜚语左右，但他无力对抗这场来势凶猛的灾祸。

像当年地下工作者一样，在别人对他不加注意的时候，他悄悄地将没有伤损的试验钵，一个个转移到果树下面，让这些生不逢时的幼苗躲避一下风寒，请它们用不屈的生命给自己，也是给别人提供一点数据、一点宽慰、一点信息、一点光明。

1968年5月，本来是"乡村四月闲人少，才了桑蚕又插田"的季节，在安江农校却发生一起拔苗毁田恶性事件。袁隆平费尽心机保存下来的杂交稻苗，作为试验材料栽在试验田里，一夜之间全部被人拔走。这一严重破坏事件震惊全校，许多主持正义的师生纷纷谴责：

"稻苗何罪之有，如此狠心！"

"简直是暴徒！"

"这是破坏行为！"

袁隆平见到现场，未愈的伤口犹如又被捅上一刀。他捂着隐隐作痛的胸口，愣在那里长久没有作声。十几年，在这所学校，可以说是规规矩矩教书，"夹着尾巴"做人，与谁都没有个人恩怨，更谈不上私仇。这项试验研究，是国家和省里挂了号的，是学校广大师生都知道的，不是个人的私事。下此毒手，这是为什么啊！他欲哭无泪，双手攥紧拳头。一定要用自己的实际行动，捍卫科学的尊严，守住不变的信念。他像侦察员一样，沿着一串龌龊的脚印，找到作案者销毁罪证的一口井边，见到井中漂浮着几株稻苗。

看见几株被自己监护的试验材料，如同见到久别的亲人，他一下子扑过去。他不容分说，脱掉上衣下到6米多深的井中，首先捞出浮在上面的稻苗，然后又几次潜入深处。这位当年湖北武汉市、成都四川东区自由泳冠军的选手，终因井水太深太凉几经努力也未能潜入井底。看来，凭自己力量无法挽救井底的稻苗了，需要求助于别人。

他跑到管理农机的老师那里，

"帮帮忙吧，我找到了。"

"找到了！他是谁？"这位老师误会了，以为是找到了作案者。

"不，是稻苗。"

"在什么地方？"

"水井里。"

这位老师迅速找到一台水泵，安装好接上动力，开始抽水。这个水井水源充足，蓄水量大，足足抽了三天三夜才见到井底。井底确实横躺竖卧着几十株稻苗，但因长时间浸泡，井水太凉，它们已经失去生命，不能死而复生了。

袁隆平眼含热泪，对周围的人说：

"太残酷了，我没有保护好它们。"

大家都同情地点着头，劝着他。

"正好，已经捞出的五株，我又重新栽到试验田里，请大家帮助保护。"

大家七嘴八舌又是一顿对作案者的谴责：

"刽子手！"

"损人不利己，缺德！"

"文化大革命"继续进行着，但人们渐渐失去了当初的新鲜感，一天比一天冷静。经过这次毁田事件，人们普遍认识到：袁老师干的是件了不起的事，指责和淡漠都是不对的。

转忧为喜的1970年

每个现象都是时间的化身,都是心灵搏斗的一种印记。

留得青山在,不怕没柴烧。

1968年,经过抢救脱险的五株杂交水稻幼苗,被袁隆平视为掌上明珠栽在试验田里。他如同保姆时时守护在田边,防止再发生意外。虽然精心照料,仍有两株没有存活。所以,只能凭着劫后余生的三株,开展各种试验。

1970年,他的杂交水稻科研工作,从1964年算起已经进行6年了。他和助手们搜集了长江流域和华南一带一千多个早熟、中熟籼稻品种，做了三千多个组合试验，但由于研究材料和条件的局限，始终没有育出理想的品系，收到令人满意的效果。问题出在什么地方？袁隆平又陷入新的忧虑之中。每逢这样的时候，动摇人心的议论便八方传来。有人说：

"外国很早就有人研究，至今也没有得到应用，中国能搞出来吗？"

显然，这是迷信洋人、妄自菲薄的观点。也有人说：

"三系三系，三代人搞不成器。"

这也是一种无动作的、缺乏自信的观点。

袁隆平认为，科研是探索未知，道路一定不平坦，横在前面的障碍必然很多，研究成果不会那样轻而易举地得到。不经一阵寒彻骨，哪得清香扑鼻来！

袁隆平和助手们再次打好行装，请大自然助一臂之力，到外地进行试验。元月，当他们风尘仆仆来到云南省元江县时，刚刚住下来，准备充分利用这里的光照、气温、水分等自然因素，加快研究的进程。不料，有一天竟天摇地动，人人坐立不安。原来，这里发生了强烈地震。

云南位于印度与欧亚板块之上，正处在自1900年以来第四个地震活动期。地球稍稍舒动一下身子，人类就受到重大损失。这次地震虽没有危及袁隆平等人的生命财产，却给生活和试验带来麻烦。他们在远离居民区的露天搭起临时住宿的窝棚，像看守瓜田的瓜农，日夜守候在田头。自己生火做饭，有时只能以自带的咸辣椒充饥。这里的气温高，日照强，雨水调和，适合水稻生长发育，但对试验者、研究者却十分不宜，饥饿和疾病不时袭来，蚊虫骚扰更是家常便饭，风餐露宿达百天之久。尽管这样，试验还没有新的突破，不能不为他们增添一份忧愁。

一向豁达的袁隆平，在艰苦生活面前依旧乐观风趣。为消除寂寞，他讲些往事、故事调节气氛。他讲小时候和兄弟们打麻将，很快把别人手里的"压岁钱"化为己有，然后再赏给他们。一次，他拍死一只吸血的蚊子，问他的助手：

"你们喜欢蚊子么？"

"不喜欢。"

接着他讲了鲁迅先生写的《夏三虫》的故事。夏天里有三种令人讨厌的虫子：跳蚤、蚊子和苍蝇。它们各有特点，都是吸人血汗的坏东西，不过跳蚤"直截爽快"咬完就走，不像苍蝇、蚊子，咬人之前"嗡嗡乱叫，发一阵议论。"你们看，他指指拍死的蚊子说，逗得几个人哈哈大笑。

1970年，对于袁隆平来说，是有忧有喜、由忧转喜的一年。喜从何来？一是初步成果得到确认；二是工作性质有所调整；三是研究内容引向深入。

6月，湖南省在常德市召开全省农业科学技术经验交流大会，这在当时"抓革命，促生产"的年代，实属机会难得。不见经传的袁隆平和他的助手，有幸与会，而且安江农校杂交水稻试验，被陈列在展览会黔阳地区展室的显著位置，并得了奖。这件事令袁隆平刻骨铭心。他的工作得到政府的肯定，得到同行的好评。他庆幸自己选对这条崎岖不平的路，抓住了转瞬即逝的历史良机。

没有多久，他被调到湖南省农业科学研究的最高层机构——省农业科学院，专门从事杂交水稻研究，使他能在比较好的环境条件下，专心致志地攻克难关，无疑是雪中送炭，再造良机。

生活中常常有这种现象，一个人如果对某件事过于专注，往往表现为如醉如痴，甚至忽略身边所发生的其他事情。袁隆平在云南育种的途中，心里想的、口里讲的、手里做的，几乎都是杂交水稻的事。火车车厢、轮船船舱、旅店客房，全都成了晒种、浸种、催芽的场所。服务人员见到这种情况，先是干预一下，随后理解地走开了。

一次，在火车上，有位操着西北口音的老汉，看邻座两个人下棋，车马炮在楚河、汉界两边厮杀，便讲述了一个古老的传说，这对他很有启发。老汉说：

"当年楚江之争，楚霸王项羽，本来应当得天下，坏事就坏在骡子身上。"

"这为什么？"

"刘邦、项羽两人同时由长安出发，直奔咸阳而去。刘邦骑马，项羽骑骡，走到半路，骡子下驹了，耽误了时间，所以刘邦先到。先到咸阳当皇上，后到咸阳辅君王。"

"骡子从来不下驹呀？"

"对了。霸王一怒之下，说了：'从今以后，不准骡子下驹！'以后，骡子就不下驹了。"

听到这里，袁隆平马上想到：公驴和母马杂交生骡子，这是利用杂交优势的典型例子。骡子具有双亲的优点：从马那里得到体大、力大、活泼、腿快等优点；从驴那里得到步伐稳健、不易激怒、忍耐力强、耐粗饲料等优点。但是骡子却不能生育。骡子不生育后代，不正说明远缘杂交容易出现不育吗！

袁隆平当即和助手商议：

"我看过去用矮脚南特和矮子粘的衍生种，它们的亲缘关系太近，所以没有突破，如果能找亲缘关系远的野生稻，肯定会有新的进展。"

"袁老师说的对，如果找到野生不育的母本，再选择优良的父本，相互杂交，一定能显著见效。"一位助手说。

"难就难在野生稻上，既要野生，还得不育。"另一位补充。

"路，就在脚下。我们走，"

"去哪？"

"海南！"

袁隆平要三下海南了。

同行是朋友

做自己的主人！在这辽阔自由的田野里无拘无束，像飞鸟一样自由自在该有多好。

天涯何处无芳草。

1970年9月，袁隆平和助手李必湖、尹华奇、周坤炉又三下天涯，去寻找芳草。转眼两个月过去了，野生不育稻还未走进他们的视野。

11月的一天，李必湖坐着一辆牛车，慢悠悠地向荔枝沟走去，心中掂量着袁老师的话：过去，我们使用的亲本材料虽然很多，但局限性大，血缘贫乏。而亲缘关系较远的籼稻与粳稻，小麦与山羊草，它们杂交之后，可以出现雄性不育。野生稻和栽培稻同样亲缘关系远，也一定会产生雄性不育株。问题是到什么地方能找到野生稻，而且又是雄性不育的野生稻呢？在崖县南红农场附近，大家找了几天，一无所获，荔枝沟又会怎样呢？

荔枝沟是个不寻常的地方，这里还保留着原始的美。一些别处绝迹的生物，在此偶有发现，说不定真有野生稻！

李必湖跳下车，开始认真地搜索。东西南北，寸土不让，凡认为有希望的地方，全部察看一遍，就像袁老师几年前稻海赏花那样，一株一株地端详。最后，在一片沼泽地，果真找到一株野生稻。它茎秆匍匐，花药瘪小，花粉不育，其貌不扬，却是千金难买。这就是我国红芒野生稻中的花粉败育的雄性不育株，简单说，就是"野败"，野生雄花败育稻。

李必湖像找到野山参一样，精心地把"野败"挖出来，连同泥土用自己的上衣包好，小心翼翼捧回农场，移栽在试验田里。连续四天，守在田中。"野败"有种顽强的生命力，不仅活了过来，而且开出63朵雌花，仿佛告诉人们：我是信得过的！

李必湖一边观察"野败"的开花习性,一边用栽培稻与之杂交转育,培育新的一代杂种。由于"野败"落粒性强,加之鼠害严重,最终仅收获五粒种子。袁隆平从外地回来,见到"野败",犹如见到"外星人",惊喜万分。听过李必湖关于"野败"发现的经过,连说三句:

"高级,高级,高级!"随之,紧紧地握着李必湖的手,说:

"谢谢你!踏遍天涯海角,真的找到芳草。今后,我们研究的重点就是'野败'了。"

"野败"的发现,为杂交水稻不育、保持、恢复"三系"配套的研究找到了"入场券"。

"不育系"是指雄性不育系,就是水稻的花,雌蕊正常,有受精能力;雄蕊不正常,无受精能力。这种稻又叫"母系",是水稻世界的"女儿国"。有了"母禾",杂交的时候,不必去掉雄蕊,只把父本品种和"母禾"种在一起,依靠风力或者昆虫传粉,就能制出第一代杂交种。

"保护系"是指正常的水稻,能自花授粉自交结实。用其花粉给"不育系"授粉,不仅能使"不育系"结籽,还能使"不育系"后代保持雄性不育,使不育性状稳定地遗传下去,可以年年繁殖,代代相传。

"恢复系"是指正常的水稻，能自花授粉，自交结实。用其花粉同"不育系"杂交，能使"不育系"恢复正常自交结实能力。并在后代恢复雄花可育。"恢复系"就是原种的父本。

这三个系缺一不可，并且不能相互代替。显然，自然界并不存在"三系"，必须人工培育。有了"野败"和由"野败"转育出的雄性不育种子，就有了珍贵的又是基本的试验材料。

有了基本的试验材料，还要有一批懂得道理又热心"三系"的试验人员，为此，袁隆平身体力行办了三件有意义的事：

第一件，他严肃地向省里建议，迅速成立杂交水稻研究协作组，合作攻关。省里采纳了他的建议，1971年2月，成立由湖南省农科院、湖南农学院、湖南师范学院、安江农校和贺家山原种场等单位科研人员组成的杂交水稻研究协作组，袁隆平出任组长。

第二件，他严格地挑选人员。从协作组中选择几位理论基础雄厚、实践能力较强、善于动脑、勤于动手的年轻人做自己的助手，以延长自己的手臂，扩大自己的智能，为杂交水稻找几位贴身的卫士。

第三件，他严谨地传授知识。4—6月，全省举办两期一百多名科技骨干参加的杂交水稻培训班，他重操旧业，在培训班讲课，让大家认识杂交水稻、研究杂交水稻、热心杂交水稻、育出杂交水稻。

小时候，母亲给他讲过一个故事，他又给自己的儿子讲过这个故事，就是老虎学艺。说的是老虎向猫学艺，猫并没有将全部本领教给老虎，怕老虎超过自己，危害自己。结果，正如猫预料的那样，老虎学到本领反要加害于猫，猫却一跳爬上树梢。这一本领没教老虎，才保护了自己。这个故事一是说猫"留一手"不好，二是说老虎"过河拆桥"更不好。

袁隆平不止一次地对助手们说：

"讲合作，就要真诚，出以公心，不能留一手。同行是朋友。"

就在全省两期杂交水稻培训班上，袁隆平和助手们毫无保留地把所有的珍贵素材，像发贺年卡一样，分发给前来学习的江西、广西、上海、四川、新疆、安徽、黑龙江等省区的同行们。诚挚地告诉他们，这是攻克杂交水稻堡垒的全部"秘密武器"。

水涨船高。

1972年春，杂交水稻研究被列为全国重点科研项目，由中国农林科学院与湖南农科院共同主持，袁隆平成为国家级科研项目的立标人。3月份，在海南岛崖县召开全国第二次遗传学学术讨论会，会上，他以《水稻雄性不育试验概况》为题，报告了利用"野败"选育雄性不育系的可喜苗头，与会者报以热烈的掌声。10月份，由中国农林科学院主持，在长沙市，也就是湖南省农科院所在地，召开了全国杂交水稻第一次协作会议。会上，他代表湖南协作组作了发言，题目是《利用"野败"选育水稻雄性不育的进展》，肯定了用"野败"能够育成不育系和保持系。他的理论根据是：

"两个亲缘关系较远的品种杂交产生质核矛盾，使这个新类型在代谢上的某些环节发生异常变化，从而导致花粉发育受阻。雄性不育是质核矛盾的产物，而它的选育过程就是人为地制造矛盾的过程。恢复系的选育则与此相反，着重于克服这种质核矛盾，使彼此相互作用协调达到花粉恢复正常的目的。"

实践得到理论的武装，就会产生奇迹。就在这一年，袁隆平选育出中国第一个籼型水稻雄性不育系二九南1号A及与之相应的保持系。也在这一年10月，到下一年3月，从江西等地传来育出不育系和保持系的喜讯。接着广西、湖南、江西、广东又分别测得恢复系。袁隆平本人育成了第一个大面积推广的高产杂交稻组合——南优2号，从此正式宣告"三系"配套成功。

天高任鸟飞

一切真正伟大的人物,没有一个是因爱情而发狂的人。

人逢佳节倍思亲。

在中国人传统习俗里,无论居住城乡,每年总有几个节日要认真对待。这就是春节、清明节、端午节和中秋节。特别是一年一度的春节,更是每个家庭一年中最盛大而隆重的节日。节日之前,全家动员积极筹备,做新衣、购年货、杀年猪、买年画、写春联;除夕夜,全家老少欢聚一堂,包饺子,煮汤圆,团团圆圆吃年饭,按辈分给长辈拜年,放爆竹,迎财神,通宵达旦。可谓,一夜连双岁，五更分二年。正月初一，走亲访友，用最美好的语言相互祝福。然而，袁隆平和助手们，为了"三系"配套，已经有几个春节未和家人团聚，远在天涯海角。

1974年春节前夕，正是田间试验的黄金时刻，袁隆平和助手文质连不分昼夜地在田间观测劳作。一天，在发现"野败"的崖县荔枝沟一丘两亩多水田里，袁隆平正种父本时，突然胃病发作，站立不稳。文质连忙问：

"怎么了，袁老师？"

"没什么。"袁隆平一边摆手，一边回答。

没挪几步，他只觉得天旋地转，双腿酸软，文质连见状，迅速跪到他的跟前，扶住他，搀到田头。他脸色苍白，大汗淋漓，口喘粗气，憔悴地坐在地上。文质连见到他奋不顾身地工作，十分感动。40多岁的人，家中有母亲和岳母两位老人，三个没成年的孩子，远离亲人，牺牲健康，整天头顶烈日、脚踩污泥，作为一名研究员实在难能可贵。他在田头休息一会儿，感觉好一些，又和文质连一起继续下田工作。

考虑他的健康状况，大家极力劝他回湖南休息一段时间，过完春节再来海南。他执意不肯，十分风趣地说：

"我不能临阵脱逃，我们不是'老九'么，老九不能走！"

他留下来了，要在海南再度一个"革命化"的春节。不知是组织安排，还是家里老人的部署，春节前，他的爱人邓则千里迢迢来到海南，看望他，转达老人的思念、孩子的祝福，也表达自己的亲情。见到他穿着沾着泥污的衣服，住着木杆搭成的小床，心疼地说：

"老表，你瘦多了。"

"是瘦了一点，原来也不胖。"

"也见老了。"

"都怪我的牙，一个一个都提前退休了。"

由于工作劳累、生活清苦、营养缺乏、吃不着新鲜蔬菜，他的上牙全部脱落，体重也由130斤降到106斤。他确实太苦太累，需要找个僻静之处歇歇腿脚，休整一下了。

正月初一，天晴气朗，难得一个好天。袁隆平格外高兴，对邓则说：

"时间真快，一晃我们结婚十年了。"

"谁说不是。"

"这十年不寻常啊，你跟我吃了苦，挨了累，担了惊，受了怕，不容易呀！"

"夫妻之间说这做啥，应该应分嘛！"

"好，不说了。你来海南机会少，我们看看天涯海角吧！"

邓则当然同意。早就听说这里有天之尽头，海之起点。有首红色娘子军的歌不是从这里唱出的么！

袁隆平多次来海南，从未有空闲到这里的风景名胜观光。夫人来了，应当陪她走走，开阔一下眼界，也弥补一下长期离别所造成的遗憾。

夫妻肩并肩缓步走在海边，心也像海水一样汹涌澎湃。他们回忆着在安江农校的日子，一起打球、游泳，一起唱歌跳舞，特别是袁隆平平时的抑扬顿挫声，小提琴《梦幻曲》的悠扬琴声，使邓则为之倾倒。十年了，相聚的日子远远少于别离的日子。袁隆平把一个世界性的难题扛在肩上，邓则把全部的家务担负起来，以一个中国女性特有的美德，默默地支撑着家，支持着袁隆平的事业。他们在心照不宣地深深地相敬相爱着，在波涛起伏的生活的海洋里尽心尽力地拼搏着。

无风三尺浪。大海以其博大胸怀容纳着一切，不畏艰险的海鸥搏击在海天之间。望着海鸥，袁隆平问邓则：

"还记得吧？我说过，我们是洞庭的麻雀。"

"记得。"

"现在，我们看到太平洋上的海鸥啰！"

"不是看到，你就是一只笑对云天的海鸥！"

下海游泳与高空飞翔，是他孩提时的梦想。如今，真的下到深不可测的稻海，飞在高不可攀的杂交育种的长空，他要圆童年的梦幻了。

海鸥在飞。它爱自由自在，爱海阔天空，真是天高任鸟飞哟！

他们走到一块巨石下，抬头看见两个字："海角"，是清雍正年间知州程书写，字虽瘦削，却是一种标记。"大涯"在何处？经人指点，通过海湾，见另一块巨石，刻有"天涯"。至此真的到了天涯海角。

相传，唐朝宰相李德裕由潮州司马贬为崖州司户，在这里写过一首《登崖州城作》：

独上高楼望帝京，鸟飞犹是半年程。

青山似欲留人住，百匝千遭绕郡城。

天涯海角对于长安来说真是太遥远了。然而一代文豪郭沫若在这里，却写下"海角尚非尖，天涯更有天"的诗句，刻在一块半圆不方的青灰岩石上。袁隆平十分欣赏这两句：人上有人，天外有天，人生有涯，学而无涯。

一山放过一山拦

科学家的天职叫我们应当继续奋斗，彻底揭开自然界的奥秘，掌握这些奥秘便能在将来造福人类。

行百里者半九十。

对于杂交水稻的研究，国家给予高度重视。自1972年以来，先后在长沙、苏州、南京、广州、成都等地召开多次全国性杂交水稻协作、攻关、推广会议。1974年在广西南宁的协作会上，正式向全国宣布：中国籼型杂交水稻"三系"配套成功，中国，乃至世界又多了一个水稻的新种。

籼型杂交水稻"三系"配套成功，仅仅是攻克了杂交水稻的第一道难关。要使杂交水稻从试验田走向生产田、从科学家手里转到农民手里，还需要解决两个问题：一要证明杂交水稻确实有优势，能增产；二是能够大量制种，满足农民生产需要。就是说，杂交水稻大面积推广，必须闯过"三关"："三系"配套关、杂种优势关和大量制种关。

袁隆平把一个具有杂交优势的水稻杂交种，种在湖南省农科院分地试验田里，以观后效。从出苗到成熟，表现不凡，粗壮高大，虎虎有生气，谁见谁夸。但收获后测定产量，却表现平平，其稻粒大小和总重量与对照田的一般水稻比较，几乎没有差别，所不同的，仅是稻草增加一倍。这时，有人开玩笑对试验组的人说：

"这回你们算捞着稻草了！"

"捞稻草"是"文化大革命"中经常使用的一个贬义词，形容某人投机取巧，行为不端。

几个助手听到这话，十分难过，对他说：

"真不争气，只长秸秆不长粒！"

"没想到，蛮有把握的事还翻了船！"

袁隆平还是如同往常那样，不慌不忙地和他们讨论：

"捞着稻草，也是好事。1968年，我在井里捞了五棵稻草，才有以后的研究。今天，又捞到不是五棵、五十棵、五百棵的稻草，说明什么呢？说明杂种有优势，这种优势表现在生物产量成倍增加。我看是个好兆头，良好的开端。"

经他一说，几个助手豁然开朗。优势可以有多种表现，外在营养上，必多稻秆；外在果实上，必多籽粒；外在品质上，必能抗病。关键是优良性状如何配合。这是技术问题，不是个原则问题。于是，助手周坤炉等人改变思路，采用大粒型配多粒型、大穗型配多穗型的杂交组合，结果，在1973年，育成南优2号、威优6号。1974年试种，亩产超过千斤。生产实践证明：杂交水稻优势明显，增产显著。

杂交水稻第二关，就此顺利通过。

既然有优势，能增产，就应当大面积推广，良种何来。所以摆在袁隆平面前的大量制种，成为迫在眉睫的大事。他又和助手们攻克第三道难关。具体技术路线是：第一步，要繁殖它的母本不育系和父本恢复系；第二步，要确定隔离区的距离和父母本的种植比例；第三步，要解决父母本花期和开花时间相遇的问题。

在试验田里，袁隆平面对面地对助手舒呈祥说：

"制种的关键，是花期和花粉。农民在制种中有'旱控水传'的经验，我们应当运用，控制父母本同期扬花，以便授粉。"

"怎么能提高授粉率？"

"方法很多，喷洒激素'九二〇'、割掉一些叶片，拉一条长绳，都很有效。"

舒呈祥心领神会，按照老师教给的技艺，育种田的产量由1972年的每亩十几斤，到1974年每亩100多斤，一下子提高十倍。人们也许会想，每亩百斤也太低了。看似平凡实奇崛。因为这是以一顶十、以一顶百的良种，又是初次制种，进步的跨度够大了。

事实早已批改了"三系三系，三代人育不成器"的保守观念，而今又解开了"中国人能搞出来吗？"的困惑。但是，真正要在全省，乃至全国大面积推广，仅有一百斤、一千斤、一万斤都是杯水车薪，需要有更多人学会制杂交种，并制出更多的杂交种。

省里对制杂交种特别关心，并寄予厚望。1974年，发现新化县农科所一位劳模用72粒种子育出杂交水稻，当即让他拿样品到长沙展出，随后，将种子分送各县县委书记，要求每人种一亩试验田，观察杂交优势。从这件事，袁隆平看到领导的决心和气魄。所以，当他接受1975年制种三万亩的任务时，信心十足，他理解省里做出这一决策的目的：农业是基础，粮食是基础的基础。杂交水稻有可能使粮食产量有个重大突破。他也感谢省里对他的器重，让他担当技术总指挥。他回到家中，把这件事说给母亲和妻子，家人全力支持，邓则又开始给他准备外出的行装了。

"爸爸又要走啊？"小儿子袁定阳稚气地问：

"走啊，总指挥得上前线哪！"

"你爸有生以来，第一次当这么大的官，当官得给百姓办好事呀！"母亲补充一句，全家人会心地笑了起来。宋代苑成大写过这样的诗：

莫道下山便无难，赠得路人错喜欢。

陷入万山圈子里，一山放过一山拦。

袁隆平很欣赏"一山放过一山拦"这句。既然挂帅，就应出征，出征前要整顿队伍，立个军令状。他向从全省农业部门抽调的育种队员宣布，到海南三个县，制种指标是：每亩必保六十斤，争取七十斤，下要保底，上不封顶。由于队伍整齐，步调一致，指标明确，广泛吸收群众制种经验，选用先进科学技术，各处相继报捷，最低是完成计划指标，最高达亩产300斤。到1976年，全省杂交水稻不育系种子，由1974年的32斤增加到150万斤，增长了4万6千多倍。

袁隆平再次体味到"同行是朋友"，再次看到集体的力量、群众的力量，也再次理解"众人拾柴火焰高"的道理。在出成果、出人才、出效益方面，作为杂交水稻的攻关主将，作为制种大军的总指挥，他尽了自己的力量，付出了自己的心血，因此，他感到欣慰，感到从未有过的畅快！

一次，他下乡到一个农户家调查，一位满头白发、满脸皱纹的老农，知道他是袁隆平时，一个劲鞠躬，一个劲作揖，口中虔诚地说：

"谢天谢地，你给我们送来了翻身稻、幸福稻，你就是过年要接的财神爷。"

袁隆平为这种举动惊呆了，连连摆手：

"是党和政府的恩德，我和你一样，都是种稻的！"

不错，都是种稻的。若论种稻的历史，也许他不如老农长，但他从1964年开始，一步一个脚印，辛辛苦苦走了几千年来人们没有走过的路，终于和众多的合作者攻克了杂交水稻的重重难关。袁隆平的名字，走进了农家小院，走进了中国农学家的行列。1978年，《人民日报》以《绿色王国的一颗新星》为题，介绍了杂交水稻，从此他的名字和杂交水稻一起走向世界。

杂交水稻之父

凡过于把幸运之事归功于自己的聪明和智谋的人，多半是结局很不幸的。

满园春色关不住。

自从1978年《人民日报》等新闻媒介，介绍和宣传中国杂交水稻培育成功并大面积推广之后，引起世界上许多国家的关注和兴趣，使一度冷却下来的研究，又重新升温，呈现出新一轮的杂交水稻研究热。

曾经导引绿色革命的菲律宾国际水稻研究所，1972年，育成带有台中本地1号胞质的朋克哈里203不育系，但因自然异交率低，秆高，效果不尽如人意，于是停止了研究。得知中国杂交水稻研究的成果，重新燃起他们的愿望。1978年，该所所长布来迪亲自到我国湖南参观杂交水稻，并邀请袁隆平到该所讲习。1979年，从热带农业国际研究所调回的福马尔博士与该所植物育种系主任库斯博士合作，重新开始一度中断的研究工作，引进包括中国育成的数种胞质不育材料，进行测交、转育，并探讨某些基本理论。研究的重点是我国已经解决了的三个基本问题："三系"配套、杂种优势和制种。他从我国引进两个不育系威20A和珍汕97A，在保持系和不育系同时播插，开花期不割叶、不进行人工辅助授粉的条件下，分别获得相对于保持系的19.0%和28.2%的结实率。充分证明我国选育的"野败"型不育系，在热带地区同样表现出不育性稳定与异交结实好的特点。

继菲律宾之后，埃及、印度、斯里兰卡、孟加拉、泰国、柬埔寨、印尼、美国等国也相继引种，均收到类似的结果。这足以证明，中国籼型杂交水稻的优良性状和广泛的适应性。

1979年4月，袁隆平应邀出席了国际水稻研究所科学年会。这位来自洞诞湖畔土生土长的专家首次出国，首次见识外国的精彩世界，也是首次向几十位学而有成、术业专攻的专家学者报告，心情当然很不平静。在一阵掌声中他走上讲台，微笑地向各位点点头，开始了《中国杂交水稻育种》的学术报告。学术报告不是形势报告，也不是政府工作报告，要求时间短暂，言简意赅，说清技术要点，几句话点明主题，亮出结论和建议，让与会者像吃到中国的饺子一样，一口就尝到鲜。

袁隆平语调平和，声音洪亮，从1964年在洞庭早籼稻中发现败育型雄性不育株讲起，系统介绍了1973年实现"三系"配套，1974年育出强优组合，1976年大面积推广。最后说：

中国杂交水稻的生产实践和大量研究结果都已表明，自花授粉的作物——水稻，只要亲本选配得当，杂种一般都具有明显优势。两个亲本在遗传上要有差异，它们的亲缘关系要远，或者生态类型要不同。这样的亲本才能造成较强的生活力，才能获得超亲或高超亲的优势。经过反复试验比较，杂交水稻有三个明显特性：一是根系发达，功能旺盛，养分积累运转协调，吸收能力强而持久；二是长势苗壮、繁茂、分蘖力强，营养增长快；三是穗大粒多，一般平均每穗150—200粒，显著超过双亲。每亩18—20万穗，产量超过千斤。

求实，是科学飞腾的翅膀。与会的各国水稻专家听过之后不断点头称是。讨论中，所长布来迪又谈了个人访华观感。大家一致认为，中国水稻专家有言有行，有理有据，在研究成果和生产成果，在杂交水稻研究方面居世界领先地位。

是的，作为中国杂交水稻研究的主将袁隆平，从1960年发现"鹤立鸡群"的现象之后，一直在苦苦求索，从实践上不放过任何一个有利的机会，从理论上不放过任何一个有益的观点，聚沙成塔，集腋成裘，终于攀上杂交水稻的世界高峰。在繁忙紧张的教学、研究之余，自1960年来，先后发表《杂交水稻培育的实践和理论》等十几篇论文，编写了《杂交水稻》等几倍著作，其中《中国杂交水稻育种》用英文写成。

1980年10月，袁隆平再次去菲律宾国际水稻研究所，已不是参加学术会议的代表，而是以中国杂交水稻专家身份与该所进行合作研究。就在这一时间，在该所工作的印度科学家魏迈尼博士，深为袁隆平的成就所打动，在菲律宾农业杂志上，写了一篇介绍中国杂交水稻的文章，并配了一幅袁隆平的照片。照片下面的说明写道：袁隆平——

中国杂交水稻之父。

  一个国际权威研究机构的外国学者，用准确无误的语言为一个中国科学家这样命名，在国际上十分罕见。作为首开"东方魔稻"先河的袁隆平，接受这种评价和命名，也顺理成章、当之无愧。早在学生时代，从教科书和各种报纸杂志上，他看过不少"世界之父"的报道，但他从未把"之父"与自己的名字联在一起。他把这份杂志捧在手中，面向祖国深施一礼，他感谢祖国，感谢母校，感谢风雨同舟的伙伴。

新星在大洋彼岸闪光

我要走我自己的路，做我自己的工作。

远来的和尚会念经。这句话，一般都带有某些贬义。实际上，当不知"经"为何物时，还是应当请明白人念一念、讲一讲，这样有好处。

美国是世界上公认的科技强国之一，而且科技的优势已转化为经济优势、军事优势，但是不是什么技术都世界领先呢？当然不是。在水稻栽培育种方面，不仅历史不长，而且技术也不高超，否则，就不会购买杂交水稻种子的专利权，袁隆平也就不会远涉重洋去大洋彼岸讲学，进行言传身教现场指导。

1980年，美国西方石油公司所属的圆环种子公司，得知中国育成了杂交水稻良种，便申请技术转让。第二年，圆环种子公司在得克萨斯州建立一个杂交水稻研究站。这个站有32公顷土地和各种设备，着重研究中国杂交水稻在美国的适应性和增产潜力，并总结出一套高产栽培措施、机械化制种方法和培育出符合美国米质标准的不育系、保持系和恢复系。

科学技术没有国界。任何一项有益于社会、有益于人类的科学研究成果，都应当在世界各地迅速传播和推广应用。我们国家正是基于科学技术是造福全人类的根本，不仅把杂交水稻育种专利转让美国，还派出以袁隆平为组长的中国杂交水稻育种专家小组到美国进行技术传授。通俗点说，是国际间技术交流。

1980年5月，专家小组乘机出发，途经旧金山休息时，不知谁传出消息，当地华侨、华裔，成群结队相约一同到下榻的旅馆，看望具有国际声誉的知名专家；表达长期寄居国外炎黄子孙的喜悦心情。大家见面，胜似故友重逢，握手，拥抱，问候，畅谈，自然而然地涉及到杂交水稻。

"真了不起，中国人教美国人种稻！"

"过去是美国人到中国传教，当军事教官，一文一武，好厉害呀！"

"变了。袁先生给中国人增光了！"

袁隆平被这民族血统、骨肉亲情所感染，看到海外华人、华侨的心是紧紧连着祖国的。他代表小组对大家的赞扬表示感谢，欢迎回国观光，有时间也到长沙看看。

大家依依作别，车开出很远，几位老人还挥动手臂。

那些天，美国的电视台、报刊纷纷播放和刊载中国杂交水稻代表团访问的新闻和照片，介绍杂交水稻的培育和推广情况。"全美水稻技术协会"举办专题介绍中国杂交水稻的报告会，认为这是中国，也是世界农业科研的重大成果，是世界人民的共同财富。耳闻目睹，袁隆平感到，尽管远隔万里，关山重重，语言不同，肤色不同，生活方式不同，但人民之间，科学家之间都心心相通，正像有人概括的那样：和平与发展是当代世界的主要趋势，是一个为各国政治家所认同的主题。

中国杂交水稻在美国连续试种三年，均获得满意效果。1980年，在加利福尼亚州试种，与当地水稻良种斯塔祁尼特比较，杂交水稻平均亩产为737.3—783.15公斤，比照当地良种平均亩产279.35公斤，增产165.5%—180.3%。1982年，在几个农场大面积对比试验，中国的品种，也就是袁隆平1973年最先育出的南优2号，比美国当地良种增产79%。湖南杂交水稻研究中心选育的杂交水稻新组合L301×R29，在美国主要水稻产区4个州的区域内试种，单产居供试品种之首，比照当地良种增产58%以上，成熟期为110天。经过美国水稻理事会鉴定，达到了美国优质米标准，获得合格证书，成为美国第一个高产、优质、早熟和插差期适时的杂交水稻新组合。这既证实中国杂交水稻的显赫身价，也为其进入国际粮食市场亮了绿灯。袁隆平手托着沉甸甸的稻穗笑了，同行人员当即给他拍了一张照片，背景是美国的稻田，人物是中国的专家，双目直视东方的祖国，双手拿着由中国人培育出的中国杂交水稻种子，在美国试验区内繁育出来杂交水稻的稻穗。

讲学、指导就要结束了，热情的主人对中国的杂交水稻表现出极为浓厚的兴趣，对袁隆平及其同行人员表现出极为热情的谢意，临行前，专门举行一个小型晚会，载歌载舞共度良宵。会上，袁隆平用英语演唱一首《老黑奴》的民歌，又唱又表演，晚会达到高潮，与会者个个拍案叫绝。

袁隆平杂交水稻的旋风席卷了美国稻区，也给美国产业界、农业科技界极大震动。这次，他把成功带回祖国，把良种留给美国人民。

大型客机在万里长空按着既定的航线飞行。凭窗俯视，黄色的沙漠、蓝色的河流、绿色的田野相继映入眼帘。袁隆平非常喜欢绿色，这是生命的颜色、希望的颜色。为了增加地球上的绿色生命，20世纪40年代中期，美国有个叫鲍劳格的人，在洛克菲勒基金会和墨西哥政府的支持下，培育出一种高产小麦，称"墨西哥小麦"，使亩产由60公斤增到200公斤，这就是有名的第一次绿色革命，鲍劳格被誉为"绿色革命之父"。1962年，洛克菲勒和福特基金会在菲律宾建立国际水稻研究所，培育出一种新型水稻，称"菲律宾水稻"，生长期105天，在热带可一年三熟，亩总产达1500公斤，此称为第二次绿色革命。"先生，您用点什么？"空中小姐的问话，把他从沉思中唤醒。"饮料；饮料！"他双目仍注视着窗外。

割断白云稻正青

一个人的价值，应当看他贡献什么，而不应当看他取得什么。

几分耕耘，几分收获。

辛勤耕耘在杂交水稻王国里的袁隆平，历经17个寒暑，终于迎来了又一个金色收成。

1981年6月6日，国家科委、国家农委在首都北京联合召开授奖大会，授予籼型杂交水稻科研协作组特等发明奖，袁隆平代表协作组走上领奖台，从国家副总理手中接过奖状、奖章和10万元巨额奖金。

年轻的中华人民共和国已过"而立"之年，她第一次以这种方式表达对农业科技人员真诚的祝福。作为新中国成立以来分颁发的第一个特等发明奖的领奖人，袁隆平心潮起伏，思绪万千。他想了许许多多。

他在想，自己选择了一条正确的路。

1953年，从大学毕业，服从国家分配，不讲条件，在偏僻的山区一干就是17年。这其间，不甘寂寞，在教学中开展科研，有寻找希望的劳苦，有捍卫尊严的抗争，有发现"野败"的惊喜，有良种育成的欣慰，有天涯海角的思念，有远涉重洋的勤勉，有正视人生的庄严。

他在想，农业科技大有可为。

我们国家人多地少，科学技术不甚发达，农民并未得到温饱，需要用技术换产量，填补各项空白。农民辛苦，农业科技人员也不轻松，常听一首民谣：远看像个讨饭的，近看像个烧炭的，仔细一打听，还是农科站的。农业科技人员工作条件是差一些，可是，离开泥土，离开田野，离开风风雨雨有什么出息，有什么作为，人们不能靠"人有多大胆，地有多高产"活着。

他在想，通力协作才能出生产力。

近些年，会上会下，国内国外，美誉赞扬称颂之声不绝于耳。他理解大家的心情，但是如此浩繁巨大的生物工程，有时一个人确实无能为力，需要支持，需要帮助，需要众志成城。没有家庭的支持，没有单位的支持，没有同行的协助，没有朋友的帮助，杂交水稻育不出来，推广不开，协作才有生产力。

他在想，行百里半九十。

就在今天的大会会场，台上坐着国家副主席、有关部委负责人，还有自己尊敬的科技界前辈周培源、金善宝、钱学森等人。比起他们，自愧不如。杂交水稻研究是取得突破性进展，但还不尽善尽美。面前还有巨大的未被认识的领域，就是耗尽毕生心血，也不能解决诸多疑难。万里长征才走完了第一步。

领导人的讲话声，一阵又一阵热烈的掌声，使他无法继续想下去。他回到了现实，回到了会场。按照会议的顺序，轮到他代表协助组讲话了。他整理一下衣服，态度从容地走上主席台，走到讲桌后，表示"把荣誉当动力，攀登新的高峰"的决心，他说：

"杂交水稻虽然已经成功地应用于生产，但它还有缺点，还有很大潜力，需要继续努力去改进和完善，特别是在选育强优势的早稻、发掘更好的不育细胞质源、提高制种产量和基础理论研究方面要下更多的工夫。"

三句话不离本行。他没有更多的政治术语，只表明一个思想，杂交水稻还要更上一层楼！

第二天早晨，也就是1981年6月7日，他和往常一样，起床后到庭院中活动活动。首都用宁静和祥和接待了他。见到葱绿的草木，盛开的鲜花，感到植物十分忠实于季节，就是一株不知名的小草，到了秋天，也要结几籽粒，把希望留给人间。正在漫步之中，听到新闻联播：

昨天，国家科委、国家农委联合召开授奖大会，授予籼型杂交水稻科研协作组特等发明奖。农学家袁隆平代表杂交水稻全体发明人表示：要把荣誉当动力，攀登新的高峰。

今天，《人民日报》发表社论《争当攀登科学技术高峰的勇士》，社论中指出：

"我们的科技人员对祖国怀着深沉的爱，对我们党抱有坚定的信念，在那艰难困苦的日子里，仍然发扬主人翁的责任感，埋头苦干，坚持科学研究，像袁隆平等同志，从未间断艰苦的努力，终于育成了杂交水稻。世界上许多国家都在开展水稻杂种优势利用研究，都没有取得成功。我国首先育成和推广，再次说明我们的科技人员具有很高的聪明才智、远大抱负和创造力。"

听到这里，周围的几个人连声附和：

"这种评价中肯，实事求是！"

"尊重知识，尊重人才，社会才有希望。"

"解决吃饭问题，不简单！"

就要离开北京了，袁隆平站在宾馆的窗口，望着栉比鳞次的高楼，马路上穿梭往来的车辆，来去匆匆的人流，大家都忙着各自的事情，一切又重归于正常，应该好好地搞经济建设了。他对自己的出生地，充满更多的期待。

他回到长沙，回到省科院，一五一十地传达了会议盛况，还当众宣读了《国务院给全国籼型杂交水稻研究协作组的贺电》。贺电全文是：

"籼型杂交水稻是一项重大发明。它丰富了水稻育种的理论和实践，育成了优良品种。"在有关部门和省、市、自治区的领导下，大力协作、密切配合，已大面积推广，促进了我国水稻大幅度增产。为此，特向你们并通过你们向参加这项发明、推广这项成果和参与组织领导工作的科技人员、农民、干部致以热烈的祝贺。

籼型杂交水稻的育成和推广，有力地表明科学技术成果一旦运用于生产建设，能够产生多么巨大的经济效益。

发展农业生产,一靠政策,二靠科学。殷切期望广大农业科技工作者再接再厉,继续奋进,为发展我国农业生产做出更大的贡献。

宣读完贺电,袁隆平意味深长地说了两句话:

"贺电最后几句很重要,更好良种请看下一个!"

言必信,行必果。1973—1985年,他和助手共育成威优6号、威优64、威优49和威优35等多类型、多熟期相互配套的强优组合。

大器未成

当我做成功一件事,千万不要等待着享受荣誉,应该再做那些需要做的事。

人怕出名猪怕壮。

中国人很重视名分、名声,"人过留名,雁过留声"是千年不变的古训。可是一旦某人出了名,却会招来一些烦恼。烦恼之一,是自己不能正确对待,不知荣誉是谁给的,沾沾自喜,得意忘形,最后走向反面;烦恼之二,是别人不能正确对待,或是嫉妒,或是干扰,或是打击,或是过分崇拜;烦恼之三,是社会不能正确对待,穿梭访问，频繁接见，想方设法制造名人效应，明目张胆抢夺名人的时间和精力甚至腰包的钱财。也许如此，才有"人怕出名"之说。

袁隆平的名字，随着杂交水稻的研究和推广也为更多人所知，但他对此十分淡漠，他一往情深的还是杂交水稻新组合的名字。

1984年6月，湖南省杂交水稻研究中心成立，他出任主任。由研究员到主任，又多了一个名分，多了一份责任，所以比以前更忙。

这时，有位记者访问他，交谈中认为他今年54岁，成了中国杂交水稻的权威，名副其实的中国杂交水稻之父，成了这方面专门研究机构的统领，得了全国第一个特等发明奖，应当说是功成名就，大器晚成。

他不同意地摇着头，连连反驳：

"大器未成，未成大器！"

他这样解释：作为一个单独的科研项目——籼型杂交水稻的研究是于1981年完成，通过国家鉴定，而且国家科委发明评选委员会认为："这项发明的学术价值、技术难度、经济效益和国际影响都很突出"根据《发明奖励条例》第七条，报请国务院批准，授予了特等发明奖。这个奖是奖协作组全体成员的。自己仅仅是其中一员。况且，杂交水稻本身的性状和推广面积都未达到理想境界，研究还得继续下去，怎么能说："大器晚成！"

"那好，我们不谈这个，谈谈这几年的工作和今后的设想。"

记者被他诚意的言论打动，不得不转换话题。

1981年6月，从北京开会回来，他没有停顿地继续他的事业，用他的话说，主要办了三件事：

第一件，普及杂交水稻知识，推广杂交水稻技术，宣传杂交水稻作用。他先后主办四期杂交水稻讲习班。1981—1982年，在湖南省农科院，为菲律宾、印度、印尼、泰国、孟加拉、斯里兰卡等国的农业专家，亲自登台讲两次课。与此同时，在安江农校，又为南方13省中等农业学校教师讲课，期望这些同仁同行当个"二传手"，把杂交水稻纳入教材，让更多的学生了解杂交水稻、研究杂交水稻。

第二件，支持新人，发现新人，培养新人。

凡是做过袁隆平助手的青年人，都有一个共同的感觉：袁老师关心自己，支持自己。先是一起讨论、商量问题；然后交代工作任务，指出轻重缓急，并随时给以指导，有时言传身教，当面指点；最后帮助总结，分析成败得失。所以，他的助手都成了杂交水稻攻关的主力，各个有所建树。不仅科研能力提高、讲授、写作等语言和文字表达能力也有长足进步。1985年3月出版的《中国现代农学家传》，袁隆平作为年龄最小的杂交水稻专家入选，为他写个人小传的就是他的助手李必湖等人。

一次，他从别人口中得知湖北沔阳县有位叫石明松的科技人员，在研究一种光敏核不育水稻，当即给予支持，经过现场观察之后，充分肯定："这是继我国水稻矮秆育种、籼型杂交水稻之后，又一个重大发现。"

这种水稻，早播早抽穗的自花不结实，晚播晚抽穗的自花结实；头秧自花不结反为母本，可以自由地和各类品种的水稻组成新的杂交组合。因为它的"亲和"能力极强，能为大田提供多类型、多品种、多熟期的杂交种子和常规种子，并能获得优质高产。

安徽省芜湖地区农科所科技人员提出，只用不育系和保持系也可育出杂交水稻新种。他对这种有创见的"两系法"倍加珍重，仿佛又看到了新的曙光。

1985年，他系统地总结过去的经验，又提出了杂交水稻育种的总体战略构想，即将杂交水稻研究划分为三个阶段，第一阶段是以品种间杂种优势为主的三系法，第二阶段是以亚种间杂种优势利用为主的两系法，第三阶段是远缘杂种优势的一系法。

记者认真地记录，也频频地点头。

"任重道远，大器未成啊！这些事，必须依靠大家，特别是年轻人去办！"

"袁主任，您当过多年教师，又带了多年助手，可以说是桃李满天下，弟子三千，贤人无数了。"

"是的，学生不少，有些确已成材，将来有机会，我还准备推荐一些人出国深造。"

"这么说，您还是成功了！"记者很乖巧，又把话题转了回来。

"说句心里话，真没想到会有今天这么大的成功，机遇很重要啊！"

说话间，他拿起《中国现代农学家传》：

"这本书介绍了58位农学家，因种种原因，他们成名一般都在50岁左右，从这个角度讲也可以说是大器晚成。不过，不包括我，我的事还没做完。"

再开快点

没有一种不幸可与失掉时间相比了。

时间就是财富。

小时候,母亲常常这样说:一寸光阴一寸金,寸金难买寸光阴。当时不理解,总觉得黄金值钱,时间没价。转眼60岁了,才觉得时间贵重而又稀缺。袁隆平在时间上为自己算了一笔账:

生于1930年9月,1953年8月参加工作,这23年主要是长身体、求知识,向社会索取,用经济学观点衡量,属于只有投入没有产出时期。从参加工作时起到1990年,又走了37年。这37年以日计算，是13505天，其中上班时间是1/3，只有4502天。这四千多天，又要开会，又要学习，又要参加政治活动，从事社会工作，有效工作日不足10年。10年中又挤进一段"文化大革命"，浪费不少青春。所以1976年之后，拼命工作，想把耽误的时间抢回来。大家聚在一起一谈，总认为时间奇缺，各自减去10岁多好。这也是为什么起早贪黑、南繁北育，东奔西跑的原因。农业生产周期长，农事活动必须踏着24节气的节拍，错过一天就等于错过一年，所以，一年到头总是忙。

母亲理解儿子。每逢外出，他走到母亲跟前：

"不要说了，去吧！牙不好，胃也不好，别累着，凉着。"

他非常感激母亲，辛辛苦苦陪伴自己60年，仍像儿时那样关怀备至，体贴入微，问寒问暖，甚至察看一下衣服上的纽扣牢不牢固。自己对母亲呢，关照的太少太少，无以报答万一。去年春节，母亲不慎右腿骨折，他陪着看病、护理几次，单位便几次"告急"，他真难以启齿从母亲身边走开，悄悄对邓则说，

"你看怎么办？单位事太多，试验又不能错过机会。"

"好办，我和妈说一声。"

"她老人家的腿……"

"放心吧，有我，有三个孩子。"

袁隆平从内心深处感谢邓则，这些年她为这个家庭付出了一切，使自己赢得时间，才有所成就。所以，当别人问起：

"您的事业卓有成就，人说，一个成功的男人背后，一定有一个女人支持。"

"有道理。我对妻子的评价是四个字：贤妻良母，别的不要说，母亲、岳母、三个孩子全靠她照顾，整个家庭全靠她支撑。她这个人，性情好，品德好！"

这几年，因为职务身份的变化，原有成果的推广，新的研究在深入，他感到时间更紧，不能有分秒浪费。照理说，中央组织部、国家人事局分别通过他在夏天可以偕同夫人去青岛和大连度假，本来是件好事，可以休整一下，也弥补一下过去疏于关怀妻子的缺憾，但因科研需要时间，两处都没有成行。

他走到母亲床前，再次请求母亲谅解。母亲笑了：

"去吧！忘没忘那首诗：少年不努力，老大徒伤悲。现在是：今天不努力，明天徒伤悲了。我理解。"

知子莫若母。他乘车走了，母亲的话越来越远，粮食和人口专家的警告越来越近，越来越响：

"即使目前的人均粮食消费水平保持不变，随着人口的增长，世界粮食生产量在今后37年间需要增长70%。为提高贫困者或者营养不良者的生活水平，2025年世界粮食需求将达到90亿吨。这个数字是1986年世界粮食总产量的两倍以上。"这是联合国一位官员的话。

到2000年，全国农村人口将达到10.25亿，加上城镇人口，人口总数将突破13亿，而耕地面积以每年500万亩速度减少，到那时，中国将以不到世界1/13的耕地，养活世界近1/5的人口。增加粮食产量，是摆在中国政治家、经济学家、农学家面前的一项义不容辞的历史责任。中国农业虽然有了长足发展，但目前我们国家农作物方面的物质和技术基础还相当薄弱，生产水平不高，粮食并不宽裕。随着以粮食为原料的食品工业、饲料工业的发展和人民食物结构的改变，对粮食的需要越来越多，要求越来越高。如果粮食不足，人民的日子就过不好，经济就上不去，社会就不安定，改革也就难以为继。水稻是中国的主要粮食作物，大米是中国人的主要食物，没有足够的水稻面积、水稻产量、水稻品质，国家建设、人民生活就没有保证。

袁隆平懂得这个道理，广大的农业科技工作者也懂得这个道理。正因为知道："手中有粮，心中不慌""粮食是人类主要的营养源""人是铁，饭是钢，一顿不吃饿得慌"，所以，建国之后，从1950年开始，农业科技人员深入农村和农民一起，对地方水稻品种进行评选、鉴定和培育，终于选出适合于当地自然条件的主要品种，诸如，广东的塘埔矮、福建的隆财号、湖南的胜利籼、江苏的老来青、浙江的浙场3号、江西的南特、安徽的五十三、四川的中农4号、河南的红矮籼、北京和天津的300粒等等。这些良种为水稻增产起了重要作用。

杂交水稻的育成和推广，又在原有基础上提高了产量。无论是籼型的杂交稻，还是1975年育成的粳型杂交稻，都比原来的常规稻每亩平均增加50公斤，多者达100—125公斤。如果两系法亚种间杂交稻培育成功，还会再增一成。根据国家一份权威研究报告提供的材料，在制约粮食单产提高的主要因素中，作物品种最为关键，约占50%，其次才是地理环境条件、土壤条件、气候条件等。因此，培育和推广良种是重中之重，急中之急。增产的驱动，使袁隆平更感时间不足。他对司机说：再开快点！

不负众望

一个能思想的人，才真是一个力量无边的人。

志当存高远。

南方的冬天，虽然不比北京的冬天冷，但在室内也显得清凉。身着中山装的袁隆平，一脸倦意，不时地像北方农村里的庄稼汉那样，将双手插在袖筒里。他从不注意自己的服装，也没有更多的嗜好。除了游泳之外，业余时间弹弹电子琴，朋友问他：

"再买把小提琴吧。"

"不买了，'文化大革命'中拉小提琴，舒曼的《梦幻曲》、舒伯特的《小夜曲》，说我是靡靡之音，气不过，把琴送人了。如今，有肩周炎，拉不动了。"

他把许许多多八小时之外的时间，奉献给水稻，近日正为两系法操劳。在他的作息时间表上，早7点起床，晚11点睡觉。但实际上是深夜1点才能睡下。

繁重的科研任务，繁忙的社会工作，繁琐的日常生活，使他常常是一脸倦意。这不，刚刚又接到几封来信，有的向他请教问题，有的向他祝贺成功，也有的向他求助。一位广西少数民族的大学生，因生活困难请他帮助，他当即差人寄钱资助。

袁隆平身兼多职，是全国政协常委、全国科协常委、湖南省政协副主席、湖南省科协副主席、湖南省农科院名誉院长、国家杂交水稻工程技术研究中心暨湖南杂交水稻研究中心主任，国家科委"863"计划生物领域第一主持人专家组成员，"863-101-01"专题专家组组长、湖南农业大学、西南农业大学、华中师范大学、武汉大学兼职教授。用他自己的话说，是老电线杆子——线（衔）多。所以，时间是各个职务分摊的产物。他不愿只挂名不管事，管事就要思想，就要参与，就要时间。每个职务都意味一份义务，都是一种希望，应当不负众望。

由于杂交水稻为我国粮食增产所作出的巨大贡献，党和国家对此给予极大的关注。1991年，国家主席江泽民曾到湖南杂交水稻研究中心视察工作，1992年"五一"节前夕，国务院总理李鹏在北京接见了前来观礼的袁隆平。1994年12月16日国务院总理李鹏又亲临湖南杂交水稻研究中心现场办公。

机不可失。为了让总理更多地了解我国杂交水稻的发展历程和光辉前景，袁隆平翻阅了大量材料，做了认真准备。他简要汇报了从雄性不育株的发现，到"三系"配套成功，从籼型杂交水稻的大面积推广，到两系法的重大突破。总理和他的随行人员，细心地听着，不时点头称赞。最后，总理提出希望：

"杂交水稻的研究，既要从数量上增产，又要品质优良、爽口、蛋白质和其他营养成分增加。高产、优质、高效是我们国家农业的发展方向。"

就在这次会见中，袁隆平不仅亲耳聆听总理的鼓励、希望和指示，还代表各位农业专家，代表湖南杂交水稻研究中心，根据我国粮食发展的态势和迫切需要，促进杂交水稻科研登上新台阶的情况，当面向总理提出"建立国家杂交水稻工程技术研究中心"的建议，总理表示同意，当场签字批准从总理基金中拨款1000万元。同时，湖南省政府500万元，国家科委300万元，国家开发银行贷款500万元，以组建这个中心。这充分体现了党和国家对农业发展的关注和对杂交水稻科研的支持。

1995年5月，国家科委组织国内知名专家，对"国家杂交水稻工程技术研究中心"的建立，进行评审，并予以通过。

1995年12月16日，国家杂交水稻工程技术研究中心在湖南长沙正式成立，作为这个中心的主任，袁隆平在成立大会上，做了《努力建设国家杂交水稻工程技术研究中心，促进杂交水稻科研和生产再上新台阶》的报告，报告分为三个部分：杂交水稻在我国粮食增产上所作的巨大贡献；杂交水稻的发展现状；提高杂交水稻研究水平，进一步发掘杂交水稻的增产潜力。报告开头是：

"去年的今天，李鹏总理视察湖南农科院时，亲自批准组建国家杂交水稻工程技术研究中心，并从总理基金中拨款1000万元支持本中心的建设。时隔整整一年后的今天，大家在这里欢聚一堂，参加国家杂交水稻工程技术研究中心的成立大会。在这一年的时间里，国家科委、中央有关部委、省委省政府及有关部门和单位，对中心的筹建工作给予了很大的支持，我代表中心的全体同志向大家表示诚挚的感谢和敬意。"

这段貌似"官腔"的开场白，确实是袁隆平发自内心想说的心里话。古代有学问、有知识的人，讲求"良禽择木而栖，良臣择主而侍"。现代知识分子，讲求报效祖国，全心全意为人民贡献才智，但没有政府的支持，众多部门单位的协同是不会成功的。过去的事实证明了这一点，今后的事实还将进一步证实这一点。有人说过这样一句话：在现代，完全依靠个人力量的发明，同爱迪生一样，已经一去不复返了。他同意这个观点。

国家杂交水稻工程技术研究中心的建立，在农业科技界引起强烈的反响。有了技术，有了资金，科技产业化就有了希望。

有一天，袁隆平随着人流走进集安市场，做个简单的市场调查。他问一个卖大米的商贩：

"这米多少钱一斤？"

"一元二角，买吗？"

"什么品种？"

"杂交稻哟，这都不知道，新品种哩！"

行家看门道。他一眼便知这是杂交早稻新品种，米粒大且白，品味好，蛋白质和其他成分含量高，是新培育出的优质米。可是，由于加工的原因，从外观一看，顶多也是二级。他又问旁边一个商贩：

"你这米怎么卖？"

"正宗的泰国大米，四元五角一斤。"

这个品质远不如杂交稻，因为加工好，机械设备先进，所以米粒透明。有光泽，外观好。价格相差三四倍。由此，袁隆平想到一个新问题，优质米卖不上优质价，加工技术很重要。为此，在省里一次会上，他大声疾呼：

"湖南要大力开展农产品的深加工、精加工，形成自己的产供销一条龙。"

一位终生专攻良种的农学家，开始把思维的触角伸向经济领域，这本身又是一种不负众望的表现。

不负众望的人，众人不忘，历史不忘。

不满足《金色的奉献》

对自己不满足，是任何真正有天才的人的根本特征。

路漫漫其修远兮。

这是袁隆平经常想的、说的一句话。1988年《半月谈》杂志，在"我们中国人"栏目，以《金色的奉献》为题，介绍了他的事迹。他认为这个题目很好，自己没有做好，没有做完。

转眼过去八年，他又留下一串闪光的脚印。继1981年他和他的同事获得我国第一个特等发明奖，1985年，获得联合国知识产权组织的"杰出发明家"金质奖；1987年，获得联合国教科文组织科学奖之后。

1988年，又获英国皇家让克基金让克奖；

1992年，获湖南省"功勋科学家"称号；

1993年，获美国布朗大学菲因斯特基金会"拯救世界饥饿奖"；

1994年，获香港何梁何利基金会生物学奖；

1995年，获联合国粮农组织"世界粮食安全保障"荣誉奖；

1995年5月，当选为中国工程院院士。

对于这些荣誉，问及他，他都轻描淡写说几句，不太入脑。什么入脑呢？

他的脑海中主要装的是水稻。对于农民，他向他们讲述：稻是一种农作物，种在水里叫水稻，种在旱田叫陆稻。粘的水稻叫糯，不粘的叫粳。比粳早熟、半粒稻叫籼。稻盛产南方，北方也有大量种植。对于科技人员，他向他们讲述"三系"配套，选配各种优化组合，培育各种良种，解决"好吃不高产，高产不爽口"的问题。对于干部，他向他们讲述培育推广水稻良种的意义，改进栽培方法、使用先进技术的效果。对于科研课题组的同事，他向他们讲述如何运用创造性思维，如何有韧性地反复试验，如何圆满地完成"863"计划。

什么是"863"计划？1986年3月，我国4位老科学家王大珩、王淦昌、杨嘉墀、陈芳允向国家提出建议，国家批准了"高科技研究发展计划""863"计划纲要，选择生物、航天、信息激光、自动化、能源、新材料等7个领域15个主题作为我国高技术研究与开发的重点。袁隆平提出的杂交水稻研究，被国家"863"计划所采纳，并列为"重中之重"的攻关项目。而他本人，又担当了"863-101-01"专题组的组长，会同全国23个单位的杂交水稻研究的高层次科研骨干一起协作攻关。

袁隆平作为杂交水稻研究的设计师和攻关主将，再次夺关取胜。两系法杂交水稻研究自1986列为"863"计划重大关键技术和重大成果转化项目，经十年艰苦攻关，已在不育繁殖与选育、达标品种的组合、杂交制种技术及规范等方面取得了经验。现在已经有12个杂交品种通过省级以上鉴定，5个通过审定的组合，经过3年试种，效果显著。

《人民日报》以"两系法杂交稻研究获突破"为题，发了消息。袁隆平手持红笔在下面的一段文字下深深打了一道红线：

"从茂名地区今年早稻种植7万多亩两系法杂交水稻示范田来看,在相同种植条件下,单位面积产量可以比三系稻提高10%—15%,米质提高1—2个档次,产值提高20%—30%,高产亩产可达550—650公斤。"

袁隆平的双眼停留在550—650公斤这个数字上。这个数字是信息,也是心血和智慧。粮食产量每增一斤,都需要众多的投入,犹如跳高运动员每增1厘米需要付出全身力气一样。这是精力、体力和时间的巨大支出啊!

一般水稻平均亩产350—400公斤,三系法籼型杂交水稻平均亩产400—500公斤,而两系法杂交水稻平均亩产500—600公斤,比三系法杂交水稻产量提高一成多。到2000年,根据"863"计划,累计推广两系法杂交水稻5000万亩至1亿亩,将会增产水稻25—50亿公斤。这是个多么富有魅力的数字啊!

数字是枯燥的,然而也是鲜活的、具有诱惑力和感染力的。有两组数字,足以证明五个字:金色的奉献。

其一,我国自从1976年推广三系法籼型杂交水稻,到1995年为止,推广面积在28亿亩以上。近20年中,累计增产2800亿公斤,相当于推广杂交水稻前全国两年的稻谷总产量。现在种植杂交水稻一年所增产的稻谷,相当于一个中等产粮省份全年的粮食总产量。1996年,杂交水稻种植面积2.3亿亩,占水稻种植面积50%,产量占稻谷总产量的60%。

其二,联合国粮食组织1990年有个统计:当年全世界水稻种植面积为22.5亿亩,共中杂交水稻为2.2亿亩。种植面积不足10%,产量却是总产量的20%。该组织一位官员预言:如果现在的常规水稻全部被杂交水稻代替,水稻总产量可以翻一番,能多养活10亿人。10亿人意味什么,相当于5个美国、10个日本、250个新加坡的人口。

正因为如此,这一技术已被联合国粮农组织及一些种稻国家作为增产的关键技术引进和运用。到20世纪末,印度计划推广5000万亩,越南计划推广2000万亩。有6位专家被联合国粮农组织聘为技术顾问赴印度、越南等国进行技术指导。袁隆平五次去印度,7次去国际水稻研究所,对世界进行着"金色的奉献"。

又讲新课

知识的力量不仅取决于其本身的价值大小，更取决于它是否被传播以及被传播的深度和广度。

而今迈步从头越。

1996年3月19日，中央电视台晚间新闻联播节目时间，袁隆平的形象再次出现在电视机的荧屏上。这次不是接受国家领奖的场面，也不是专题作为"东方之子"的人物介绍，而是全国两系法杂交水稻培训班在湖南长沙国家杂交水稻工程技术研究中心开学，这个中心主任袁隆平在讲第一堂课。

讲课是他的爱好，也是他的特长。1953年大学毕业后第一个工作岗位就是学校，第一个职业就是教师。前几年有位朋友到他家做客，见到他书房里摆着一张与夫人邓则的合影，好奇地问袁夫人：

"邓老师，听说袁先生小提琴拉得好，当年，你们是不是以琴声为媒？"

邓则抚掌大笑，没有正面回答，只说一句：

"他的课教得好！"

课教得好是所有听课者的一致评价。

这次新课他讲点什么？课的名称已经规定：两系法杂交水稻。

两系法与三系法都是选育杂交水稻品种的方法。尽人皆知，三系法已经获得巨大成功，为何又要采用两系法。袁隆平的课就是从这里讲起的：

"1986年，中国的三系杂交水稻亩产已经达到440公斤，近10年来单产一直徘徊在这个水平上，另外，米质和抗性都需要改进和提高。"

这说明三系法育出的杂交水稻在产量、质量、特性上尚有不足，还需百尺竿头，再进一步。两系法较三系法减少一个恢复系，父本、母本配组自由，种子的生产程序简单，能最大限度地发挥品种间杂交水稻的产量优势，也能提高米质档次。所以，用两系法培育杂交水稻势在必行。

经过十年的努力，两系法杂交水稻研究成功了，成功的标志，袁隆平认为有三个方面：一是选育出一批稳定、起点温度低、风险极小的光温敏核不育系；二是两系法杂交水稻繁殖和制种产量低的问题已经解决，三是两系法杂交水稻表现出的产量优势。

产量优势具体体现在五项记录上。用国家杂交水稻工程技术研究中心育出的"两优培特"组合，在五年大面积试种中，创造了五个冠军。

1994年，云南永胜县单季亩产1140.85公斤，创一季水稻单产全国纪录；

1992年，省区亩产达613.8公斤，创稻区域单产最高纪录；

1992年，汉寿县护城村一季加再生稻亩产达1007.8公斤，创一季加再生稻产量记录；

1995年，湖潭县果塘子农技站示范的1.5亩，亩产775.7公斤，创长江流域双季连晚记录；

1995年，黔阳县文丰村亩产864.8公斤，创全省稻单产新纪录。

袁隆平有理有据，深入浅出，饶有兴趣的讲授，赢得学员的好评和掌声。

他望着座位上素不相识的年轻人，心里油然产生一种敬意。这些人就是未来，是跨世纪的新人。看来一系法远缘杂种优势法的研究，落到了他们身上，真是长江后浪推前浪！

晚上，回到家中对小儿子袁定阳说：

"你们哥仨都成人了，还没成才。过去我说过，定安是司机，要开好车子；定江是财政局的干部，要管好票子，你呢，在我身边，在中心搞科研，要种好稻子。我的事业，应当在你身上延续下去！"

人，到一定年龄，有一定的心理活动。培养和教育青年一代，是每个上了年纪的人义不容辞的责任。事实上，袁隆平在青年时代，就已经承担这项任务了。在安江农校，生活和工作的主题，就是教书育人；到省农科院，通过科研言传身教，也是在培育良种的同时培育新人；现在是四所农业、师范院校的兼职，又是遗传育种博士研究生的导师，还是在教书育人。自创建湖南杂交水稻研究中心以来，多次办各类培训班，仅国际杂交水稻培训班已办五期，仍然是短期、速效、专业性强的育人。有人做过一个统计，十年来，他通过不同渠道，先后推荐200多人次出国考察、深造、讲学和访问。

每次举办培训班，他都深入学员中，了解情况，收集结息，向自己的教育对象学习。他常说，活到老，学到老，终生教育的观点是正确的。孔子是位伟大的思想家、教育家还主张三人行必有我师，谁都应当不断"充电"，否则，就动力不足，行为无力，乃至中途停摆。

学员们对袁老师有提不完的问题，说不完的话。无论是专业上的、工作上的、个人生活上的提问，他都耐心地一一作答，和这些年轻人进行感情交流、信息沟通。

"袁老师，您认为如何发挥杂交水稻的增产潜力？"

"有3点，选育高产、稳产的杂交早稻和杂交粳稻；加强亚种间强优杂交水稻组合的选育；开展分子育种和远缘杂种优势。"

"袁老师，您已是位名人，外事活动多，为什么不换一部高级轿车？"

"乘车是为了工作，它不是身份、地位、成就的标志。有车坐，我已经满足了。"

"袁老师，您在事业上有什么信条？"

"八个字：知识、汗水、灵感、机遇！"

这都是实在话，是用艰苦实践培育出来的思维花朵。他钟情水稻，也爱唐诗宋词、《经史百家杂抄》和英文版的《基督山伯爵》。他很崇尚卢梭在《忏悔》中说的一句话：

　　"在我一生中，从没有过因为考虑贫富问题而令我心花怒放或忧心忡忡的时候。"

　　他不止一次地对助手们说：

　　"对于献身于科技事业的人，什么时候都不要动摇取胜的信心，都不要失去人格的魅力。成功之前，要敢于和困难、偏见、逆境抗争；成功之后，要正确对待既得利益、成绩、荣誉和周围称颂。"

　　他这样规劝别人，也真诚告诫自己：成功在苦斗背后，永远也不能停止进步！

注：1公顷=15亩，1千克=2斤

世界五千年科技故事丛书

01. 科学精神光照千秋：古希腊科学家的故事
02. 中国领先世界的科技成就
03. 两刃利剑：原子能研究的故事
04. 蓝天、碧水、绿地：地球环保的故事
05. 遨游太空：人类探索太空的故事
06. 现代理论物理大师：尼尔斯·玻尔的故事
07. 中国数学史上最光辉的篇章：李冶、秦九韶、杨辉、朱世杰的故事
08. 中国近代民族化学工业的拓荒者：侯德榜的故事
09. 中国的狄德罗：宋应星的故事
10. 真理在烈火中闪光：布鲁诺的故事
11. 圆周率计算接力赛：祖冲之的故事
12. 宇宙的中心在哪里：托勒密与哥白尼的故事
13. 陨落的科学巨星：钱三强的故事
14. 魂系中华赤子心：钱学森的故事
15. 硝烟弥漫的诗情：诺贝尔的故事
16. 现代科学的最高奖赏：诺贝尔奖的故事
17. 席卷全球的世纪波：计算机研究发展的故事
18. 科学的迷雾：外星人与飞碟的故事
19. 中国桥魂：茅以升的故事
20. 中国铁路之父：詹天佑的故事
21. 智慧之光：中国古代四大发明的故事
22. 近代地学及奠基人：莱伊尔的故事
23. 中国近代地质学的奠基人：翁文灏和丁文江的故事
24. 地质之光：李四光的故事
25. 环球航行第一人：麦哲伦的故事
26. 洲际航行第一人：郑和的故事
27. 魂系祖国好河山：徐霞客的故事
28. 鼠疫斗士：伍连德的故事
29. 大胆革新的元代医学家：朱丹溪的故事
30. 博采众长自成一家：叶天士的故事
31. 中国博物学的无冕之王：李时珍的故事
32. 华夏神医：扁鹊的故事
33. 中华医圣：张仲景的故事
34. 圣手能医：华佗的故事
35. 原子弹之父：罗伯特·奥本海默
36. 奔向极地：南北极考察的故事
37. 分子构造的世界：高分子发现的故事
38. 点燃化学革命之火：氧气发现的故事
39. 窥视宇宙万物的奥秘：望远镜、显微镜的故事
40. 征程万里百折不挠：玄奘的故事
41. 彗星揭秘第一人：哈雷的故事
42. 海陆空的飞跃：火车、轮船、汽车、飞机发明的故事
43. 过渡时代的奇人：徐寿的故事

世界五千年科技故事丛书

44. 果蝇身上的奥秘：摩尔根的故事
45. 诺贝尔奖坛上的华裔科学家：杨振宁与李政道的故事
46. 氢弹之父—贝采里乌斯
47. 生命，如夏花之绚烂：奥斯特瓦尔德的故事
48. 铃声与狗的进食实验：巴甫洛夫的故事
49. 镭的母亲：居里夫人的故事
50. 科学史上的惨痛教训：瓦维洛夫的故事
51. 门铃又响了：无线电发明的故事
52. 现代中国科学事业的拓荒者：卢嘉锡的故事
53. 天涯海角一点通：电报和电话发明的故事
54. 独领风骚数十年：李比希的故事
55. 东西方文化的产儿：汤川秀树的故事
56. 大自然的改造者：米秋林的故事
57. 东方魔稻：袁隆平的故事
58. 中国近代气象学的奠基人：竺可桢的故事
59. 在沙漠上结出的果实：法布尔的故事
60. 宰相科学家：徐光启的故事
61. 疫影擒魔：科赫的故事
62. 遗传学之父：孟德尔的故事
63. 一贫如洗的科学家：拉马克的故事
64. 血液循环的发现者：哈维的故事
65. 揭开传染病神秘面纱的人：巴斯德的故事
66. 制服怒水泽千秋：李冰的故事
67. 星云学说的主人：康德和拉普拉斯的故事
68. 星辉月映探苍穹：第谷和开普勒的故事
69. 实验科学的奠基人：伽利略的故事
70. 世界发明之王：爱迪生的故事
71. 生物学革命大师：达尔文的故事
72. 禹迹茫茫：中国历代治水的故事
73. 数学发展的世纪之桥：希尔伯特的故事
74. 他架起代数与几何的桥梁：笛卡尔的故事
75. 梦溪园中的科学老人：沈括的故事
76. 窥天地之奥：张衡的故事
77. 控制论之父：诺伯特·维纳的故事
78. 开风气之先的科学大师：莱布尼茨的故事
79. 近代科学的奠基人：罗伯特·波义尔的故事
80. 走进化学的迷宫：门捷列夫的故事
81. 学究天人：郭守敬的故事
82. 攫雷电于九天：富兰克林的故事
83. 华罗庚的故事
84. 独得六项世界第一的科学家：苏颂的故事
85. 传播中国古代科学文明的使者：李约瑟的故事
86. 阿波罗计划：人类探索月球的故事
87. 一位身披袈裟的科学家：僧一行的故事